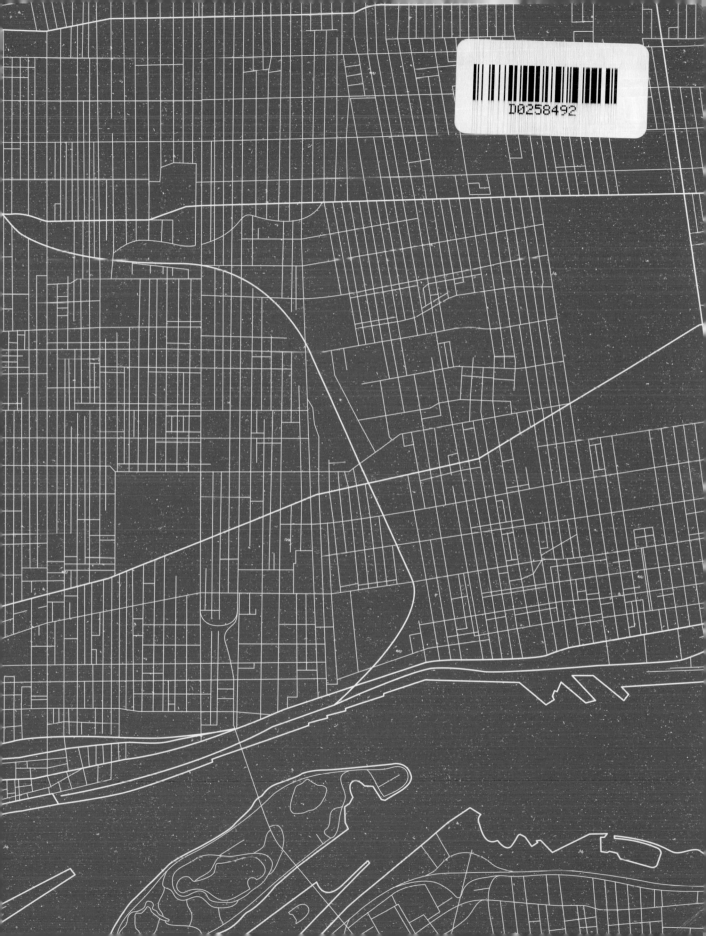

Révision et correction des recettes : Danièle Blais

Révision et correction des textes : Élyse-Andrée Héroux

Direction artistique et design graphique : Studio Caserne, studiocaserne.ca

Crédit photographique page couverture : Fabrice Gaëtan

Crédit photographique photo de l'auteure : Fabrice Gaëtan

Photographie :

Fabrice Gaëtan, fabricegaëtan.com (10, 35, 44, 47, 51, 56, 59, 62, 64, 69, 70, 72, 74, 79, 80, 83, 84, 85, 86, 95, 101, 104, 106, 109, 110, 111, 112, 114, 122, 124, 126, 127 (x5), 129, 141, 146, 148 (x1), 149, 152, 158, 165, 168, 170, 173, 176, 178, 181, 186, 189, 190, 191, 192, 205, 207 (x1), 208, 240-241)

Anne Gauthier (p. 8, 12-13, 16-17, 18-19 , 20-21, 32, 36-37 (x5), 38, 48, 52, 53 (x5), 76, 77, 98-99, 102-103, 138, 142-143, 210, 212-213, 216 (x2), 217 (x2), 218, 220, 222, 223 (x6), 224, 226-227, 230-231)

Emma Geraud ; emmageraud.com (24-25, 28, 30, 40, 42, 45 (x2), 54, 60-61, 67, 68, 88, 91, 93, 94, 117, 118, 119 (x2), 120, 130, 132-133, 135, 136-137, 144, 148 (x4), 151, 155, 156-157, 160, 163, 166 (x2), 167 (x5), 174-175, 182, 183 (x2), 184, 194, 197, 198, 199, 200, 202, 206, 207 (x1), 215, 234-235)

Patrick St-Arnaud ; le5services.com (p. 22, 27 et 96)

Traitement des images et coloration : Fabrice Gaëtan

ISBN : 978-2-924402-19-1

Dépôt légal – Bibliothèque et Archives Nationales du Québec, 2014

Dépôt légal – Bibliothèque et Archives Canada, 2014

© Gallimard limitée – Édito, 2014 pour la présente édition

STREET CUISINE

LES *MEILLEURS*

RESTOS ROULANTS

DE

MONTRÉAL

TABLE DES MATIÈRES

IRONIQUEMENT,
C'EST À L'AUTRE
BOUT DU MONDE
QUE J'AI EU ENVIE
D'ÉCRIRE SUR
LA CUISINE DE RUE
DE MONTRÉAL

OCTOBRE 2012. Delhi. J'essaie tant bien que mal d'amortir les coups du simili-taxi – une carcasse d'acier au ronron de tondeuse à gazon – péniblement dirigé par un Indien ruisselant de sueur. Il fait 2 000 °C à l'ombre et j'ai l'impression de me diriger tout droit dans un four à pain naan. J'avance dans le flot de la marée automobile qui me propulse doucement dans un marché à ciel ouvert. Les rues sont un dédale bouillonnant d'odeurs, de bruits, de couleurs et de monde. Mes sens sont stimulés à l'excès et se gargarisent de toute cette intensité, typique de ce pays-continent où tout est plus grand que nature.

C'est le début de six mois d'un voyage gourmand, où j'ai littéralement mangé une partie du monde dans les rues de l'Inde, de la Thaïlande, de la Birmanie, de Singapour et de l'Indonésie...

Ce jour-là, ce sont les lassis de Delhi qui m'ont conquise. Une boisson riche, épaisse et crémeuse, faite à base de lait fermenté qu'on baratte comme du yogourt et qu'on aromatise à l'eau de rose ou à la mangue, ou encore en version salée, servie surtout pour couper le piquant des caris brûlants de piments. J'ai bouffé l'Inde en savourant ses samosas, ses thalis, ses beignets au sirop et ses milliers de sucreries.

La Thaïlande m'a joué la grande séduction avec ses pad thaïs et ses salades de papayes. Il y a eu les nouilles Shan de la Birmanie, des nouilles qu'on fabrique avec une râpe, un peu comme si on raclait un gros fromage fait de farine de riz gluant pour façonner de fins vermicelles collants, qui pataugent dans un bouillon fumant. Il y a eu Hanoi avec sa bia h'oi – une bière fraîche de descendance tchèque, ses Pho du matin et ses sandwichs Banh Mi du midi. Il y a eu les Laksa de Penang et les grillades de Phnom Penh. Le chicken rice de Singapour et les dimsums de Kuala Lumpur. Et puis, il y a eu les fabuleuses Banh Xeo de Saigon, des crêpes de riz fines et croustillantes, dont le goût rappelle vaguement la colonisation française, mais où le Vietnam a repris ses droits, ses saveurs et ses textures.

À force de manger tous ces délices de bords de route, ce voyage m'a fait prendre conscience d'une chose. On dira ce qu'on voudra, une ville sans bouffe de rue, c'est triste ! Montréal était en reste, avec toute la réglementation datant des années 40 qui interdisait la vente de nourriture sur la place publique. La tendance des *food trucks* ronronnait comme un moteur aux quatre coins de l'Amérique du Nord depuis plusieurs années déjà, et notre ville d'ordinaire si dynamique, créative et avant-gardiste, faisait office de grande retardataire à ce chapitre gastronomique.

À mon retour à la maison, bonheur ! On était en avril 2013, et le maire de Montréal était peut-être déchu et corrompu, il avait au moins eu le temps de renverser la vapeur avant de rendre son tablier. La cuisine de rue était désormais permise, et en pleine effervescence dans les rues de ma ville.

La tête encore pleine de souvenirs de voyage, je suis partie allègrement à la découverte d'ici, comme une touriste avide de tout goûter, fraîchement débarquée dans un nouveau monde gourmand dans les rues que je connais depuis mon enfance et où j'ai dansé au son des plus grandes stars des festivals, où j'ai couru des marathons, fait la file devant des bars bondés, des kilomètres et des kilomètres de lèche-vitrine, et où j'ai déambulé tranquillement à toutes les heures du jour et de la nuit.

Les rues de Montréal sont aujourd'hui plus savoureuses que jamais.

Je vous emmène donc avec moi, à la découverte de la métropole par les papilles, au volant de 25 cuisines roulantes qui ont gentiment accepté de nous livrer les secrets et les recettes d'une kyrielle de délices ambulants.

Surtout, je vous emmène à la rencontre d'une espèce bien spéciale : les *food trucks* de Montréal.

LE MOT
DE GAËLLE

Au cours des trois dernières années, les propriétaires des camions-cuisines ont fait preuve de beaucoup de talent et de créativité pour s'adapter à une réalité complètement nouvelle pour nous tous.

La *street food* est arrivée en ville. La *street food* est arrivée en force !

La version montréalaise de la cuisine de rue a ceci d'inspirant : elle a réussi à se doter d'une signature très personnelle, unique en son genre, et qui représente parfaitement l'ADN de Montréal : une ville dynamique, gastronomique et effervescente, une ville qui sait développer des projets lorsque l'engouement est au rendez-vous.

Je souhaite que cette identité montréalaise soit reconnue à l'international et qu'au cours des prochaines années, les touristes gastronomiques du monde entier viendront découvrir nos rues et leur cuisine savoureuse et colorée !

→ **GAËLLE CERF**

VICE-PRÉSIDENTE DE L'A.R.R.Q.,
COPROPRIÉTAIRE DU CAMION GRUMMAN '78
ET GOUROU DE LA CUISINE DE RUE

15

LA CUISINE DE RUE : UN APERÇU

CRÉER SON FOOD TRUCK
EN 5 ÉTAPES FACILES !

01 J'AI UNE IDÉE !

C'est bien beau d'avoir le rêve, encore faut-il l'organiser un peu. C'est quoi le nom du camion ? Le menu ? On s'installe où pour cuisiner tout ça ? Budget ? Échéancier ? Partenaires, employés ? La réponse à toutes ces questions se rassemble dans un gros document sérieux, qu'on appelle un plan d'affaires.

1500 — C'EST LE NOMBRE DE KILOMÈTRES PARCOURUS EN MOYENNE AU COURS DE L'ÉTÉ. TOUT ÇA SANS QUITTER MONTRÉAL !

J'AI MES PAPIERS ! 02

Assurances, immatriculations, permis de préparation de la MAPAQ, membership de l'ARRQ, permis temporaires pour participer à différents festivals et événements... Autant se préparer : avant même de faire son premier plein d'essence, il y aura beaucoup de paperasse à remplir et de formulaires à compléter.

C'est l'année où la cuisine de rue a été déclarée illégale à Montréal pour des raisons de salubrité, de circulation et de concurrence. La vente de nourriture sur la voie publique a été interdite jusqu'au mois de juin 2013, au lancement du projet-pilote de Ville-Marie.

1947

03 J'AI MON CAMION !

C'est le temps d'éplucher Kijiji à la recherche de la perle rare. Plusieurs camions-cuisine en sont à leur deuxième vie, après un premier service en tant que camion de livraison, de laitier, et même comme ambulance !

300 $ — C'EST LE PRIX D'UN PLEIN D'ESSENCE QUI DOIT ÊTRE FAIT UNE À DEUX FOIS PAR SEMAINE POUR FAIRE ROULER UN CAMION DE RUE TYPIQUE.

J'AI UN MENU QUI TUE ! 04

Rien ne sert de rouler si la cuisine proposée n'est pas *top notch* ! À Montréal, on est chanceux, on a droit à un éventail de cuisines aussi variées que recherchées, des plats tantôt traditionnels, tantôt ludiques, quelques camions ethniques et beaucoup, beaucoup de saveurs.

« DENIS CODERRE NOUS A PROMIS DES HOT DOGS ! »

- Un extrait de la magistrale montée de lait de Éric Duhaime, animateur radio, qui a vraisemblablement manqué de hot dogs à 2 piasses dans son enfance.

05 J'AI DES CLIENTS !

Une fois sur la route, il faut savoir attirer sa clientèle. Étant mobile, il revient à chaque camion de réussir à ce que les consommateurs se déplacent et viennent à la rencontre de ses petits plats.

À quand notre gala québécois ?

- NEW YORK, PHILADELPHIE, LOS ANGELE, CHICAGO ET NEW ORLEANS ONT DÉJÀ LE PALME LOCALE DE LA MEILLEURE CUISIN DE RUE : LA VENDY CUP.

(VENDYAWARDS.STREETVENDOR.ORG)

GASTRONOMES & GLOBE-TROTTEURS ?

LES MEILLEURES DESTINATIONS POUR SAVOURER DE LA CUISINE DE RUE AUTOUR DU MONDE :

PORTLAND, OREGON

Avec plus de 600 camions gourmands pour 500 000 habitants et des stationnements entiers qui se transforment en foires alimentaires à ciel ouvert, on peut y trouver à peu près n'importe quel type de cuisine. Portland est une destination idéale pour découvrir l'essence de la street food.

MEXICO, MEXIQUE

Mis à part les fameux tacos, Mexico a une foule de plats à proposer aux passants, allant des *elotes* (maïs en épi), aux *quesadillas*, aux *tamales* fourrés, aux guacamoles colorés. On se garde une petite place pour un *frutero* (vendeur de fruits) ou un *juguero* (vendeur de jus) et c'est le bonheur.

LOS ANGELES, CALIFORNIE

C'est à Los Angeles qu'est né l'engouement des food trucks, et c'est à Roy Choi, un chef excentrique et avant-gardiste qui a décidé de se lancer dans la confection d'épiques tacos coréens au volant de son camion Kogi, qu'on pourrait accorder la paternité de la tendance.

ISTANBUL, TURQUIE

Les rues d'Istanbul sont un véritable festival de couleurs et d'odeurs. C'est l'occasion d'y découvrir les *simits* (pains au sésame semblables aux bagels), les *balik ekmek* (sandwichs de poisson aux herbes) ou les innombrables versions de baklavas. On dit qu'on y sert les meilleurs *Doner Kebab* du monde entier !

SINGAPOUR, SINGAPOUR

Singapour est un grand incontournable de la cuisine de rue. Le gouvernement a fait installer des foires alimentaires partout dans la capitale, où on sert une cuisine multiethnique issue des traditions indiennes, malaisiennes et chinoises dans une savoureuse fusion, et pour trois fois rien en plus de ça.

NEW YORK, NEW YORK

À New York, impossible de ne pas succomber à l'un de ces hot dogs pas vraiment raffinés, mais ô combien jouissifs. Pour vivre l'expérience de bouffe de rue totale, pourquoi ne pas vous offrir un tour guidé à pied ? Avec plus de 5000 cuisines de rue dispersées aux quatre coins de la ville, impossible de ne pas en trouver quelques centaines qui sauront vous rassasier!

HANOI, VIETNAM

À Hanoi, cap sur la vieille ville, où l'on nous sert des petits plats sans prétention sur les petits tabourets en plastique de toutes les couleurs qui font office de terrasses improvisées. On arrose joyeusement le tout de bia ho'i – une bière locale d'inspiration tchèque, jusqu'aux petites heures du matin.

MARRAKECH, MAROC

La célèbre place Djemaa el Fna – l'une des plus anciennes du monde – est fabuleusement appétissante. Les étals y proposent des brochettes de toutes sortes, de *hariras* (une soupe de lentilles traditionnelle), des escargots vendus à la louche, d'épices, de noix et de fruits séchés, au beau milieu de spectacles de cirque et d'amuseurs publics.

5 BONNES RAISONS D'ENCOURAGER LES FOOD TRUCKS DE MONTRÉAL

- ▸ C'EST BON
- ▸ C'EST LOCAL
- ▸ C'EST RAPIDE
- ▸ C'EST FAIT AVEC BEAUCOUP D'AMOUR
- ▸ ET C'EST BIEN PLUS AGRÉABLE QUE DE S'ENFILER MISÉRABLEMENT UN TRIO GÉNÉRIQUE DE *FAST FOOD* GRAISSEUX !

TRAFIC CHRONOLOGIQUE

2010 — **2011** — **2012** — **2013** — **2014**

La saison commence avec 5 camions membres de l'association. Elle se termine avec 9.

27 camions membres

Achat du Grumman 78, le tout premier camion de cuisine de rue de Montréal, par Gaëlle Cerf, Marc-André Leclerc et Hilary McGown.

12 camions membres

47 camions membres

Dans la vie, faut pas toujours attendre qu'on t'ouvre le chemin pour peser sur le gaz.

C'est à peu près la philosophie du Grumman '78, le camion de **Gaëlle Cerf**, **Hilary McGown** et **Marc-André Leclerc**, qui depuis des années défriche, pave et mène la route de la cuisine de rue de Montréal. Depuis le tout début, les trois associés avancent sans trop se demander s'ils vont frapper un mur. Et jusqu'à maintenant, en tout cas, le camion à tacos a plutôt tendance à défoncer toutes les portes sur son passage.

Peu de gens connaissent le passé obstiné du taco ambulant le plus célèbre de la ville. Faut le reconnaître, ses propriétaires ont eu des couilles d'acier. Acheter un camion plus de quatre ans avant d'entrevoir la possibilité de le trimballer légalement dans les rues de la ville. Installer sa cuisine de production (le QG du taco, aujourd'hui devenu resto) dans une vieille bâtisse oubliée, sur un tronçon de rue glauque de Saint-Henri, un édifice aux airs de vieille *shop* dégénérée plutôt que de salle à manger. Pas d'eau chaude, pas de toilettes, pas de frigo, pas de chambre froide, pas de lumières... Et huit pouces de crasse partout sur les planchers. Fallait y croire !

Mais quand on s'assoit à l'une des tables de cette grande salle à manger aujourd'hui pleine de vie, de bonnes odeurs de bouffe et de gourmands qui s'enivrent et s'empiffrent dans l'allégresse, on se dit que les tacos du Grumman ont parcouru tout un chemin pour se rendre au coin de la rue.

LA GENÈSE

TACOS BANH MI

CES TACOS, INSPIRÉS DES CÉLÈBRES SANDWICHS « BANH MI » VIETNAMIENS, SONT DE GRANDS FAVORIS DE LA FIDÈLE CLIENTÈLE. « SI ON DÉCIDAIT DE L'ENLEVER DU MENU, IL Y AURAIT UN SOULÈVEMENT POPULAIRE ! ».

RENDEMENT	12 TACOS	PRÉPARATION	15 MIN	REPOS	4 h	CUISSON	6 h

VIANDE EFFILOCHÉE

½	épaule de porc désossée (environ 2,5 lb)
	Sel et poivre, au goût

SAUCE BANH MI

425 ml	(1 ¾ tasse) de sauce Hoisin
220 ml	(1 tasse) de sauce aux huîtres
1	c. à soupe d'huile de sésame
1	c. à soupe de vinaigre de riz
185 ml	(¾ tasse) de sauce HP
4	c. à soupe de gingembre râpé
2	gousses d'ail, hachées
2	c. à soupe de sucre brun
½	c. à café de sauce Sriracha, ou de votre sauce épicée préférée

GARNITURE

250 ml	(1 tasse) d'eau
125 ml	(½ tasse) de vinaigre blanc
125 ml	(½ tasse) de vinaigre de riz
100 g	(½ tasse) de sucre
	Sel
175 g	(1 ½ tasse) de carottes, pelées et râpées
175 g	(1 ½ tasse) de daïkon, pelé et râpé
50 g	(½ tasse) d'oignons verts, hachés
2	c. à soupe de graines de sésame

POUR SERVIR

12	tortillas de maïs
12	quartiers de lime

→ Pour la viande effilochée, **préchauffer** le four à 120 °C (250 °F). **Assaisonner** généreusement l'épaule de porc de sel et de poivre et la **frotter** avec conviction. **Enfourner** 6 h ou jusqu'à ce que le porc s'effiloche facilement, sans oublier **d'arroser** la bête de son jus de cuisson toutes les 30 min.

→ Pour la garniture, dans une casserole, **faire bouillir** l'eau, les vinaigres, le sucre et le sel. Au point d'ébullition, **éteindre** le feu et **laisser refroidir**. **Verser** la préparation sur les carottes et le daïkon et **réfrigérer** 4 h.

→ Pour la sauce, **mélanger** tous les ingrédients et **réserver**.

→ Une fois l'épaule de porc à température ambiante, **effilocher** la viande et **mélanger** avec la sauce.

→ Au moment de servir, **finaliser** la garniture. **Égoutter** les carottes et le daikon et **mélanger** avec les oignons verts hachés et les graines de sésame. Pour l'assemblage, **faire** doucement **réchauffer** les tortillas dans un poêlon, sans les cuire. **Ajouter** le porc et la garniture. **Servir** avec des quartiers de lime au milieu d'une grande tablée avec tout plein d'invités.

DANS LA VIE
FAUT PAS
TOUJOURS
ATTENDRE
QU'ON T'OUVRE
LE CHEMIN
POUR PESER
SUR LE GAZ

LA FETA EST DOUCE ET MOELLEUSE, LA SALADE DE RADIS,
LÉGÈRE ET CROQUANTE, LE CHILI AU PIMENTON FOUETTE
JUSTE ASSEZ POUR METTRE UN PEU DE PIQUANT ET
RÉVEILLER LES PAPILLES. LA TORTILLA ENROBE TOUT ÇA
COMME UN GRAND LIT TOUT MOU, OÙ TOUS LES INGRÉDIENTS
FONT SUAVEMENT L'AMOUR. RRRRR.

RENDEMENT	12 TACOS	PRÉPARATION	20 MIN	REPOS	12 h	CUISSON	3h15

Pour la purée de haricots noirs, dans une casserole, **couvrir** les haricots noirs d'eau froide. **Amener** à un léger bouillonnement et **cuire** durant 3 h. Dans une poêle, faire **suer** l'oignon blanc dans une généreuse quantité d'huile végétale. **Ajouter** les épices et **remuer** fréquemment. À l'aide d'un mélangeur électrique, **broyer** la préparation d'oignon et les fèves noires en ajoutant en filet l'eau de cuisson.

Pour le braisé de haricots rouges, dans un bol, **faire tremper** les haricots dans de l'eau tiède durant 12 h. **Égoutter.** Dans une casserole allant au four, **faire suer** le gingembre, l'ail, et les oignons. **Remuer** fréquemment. **Ajouter** le pimenton, la poudre de cari, la coriandre et le poivre. Bien **mélanger.** Broyer les tomates et le piment chipotle, puis **ajouter** à la préparation d'oignon et épices. Bien **remuer. Couvrir** les haricots rouges d'eau froide. Bien **mélanger, couvrir** de papier parchemin et **sceller** avec un papier d'aluminium. **Cuire** 4 h à 180 °C (350 °F). **Ajouter** le jus de lime, le sel, le poivre et le miel au goût.

Pour la garniture, **couper** les radis en petits bâtonnets. Dans un bol à mélanger, **incorporer** en quantité égale les bâtonnets de radis, les oignons marinés et la coriandre.

Pour l'assemblage, dans un poêlon, **faire chauffer** une tortilla. **Étendre** une petite quantité de purée de haricots noirs sur la tortilla, **ajouter** le braisé de haricots rouges et la garniture. **Parsemer** de fromage feta en «crumbles». **Servir** avec un quartier de lime.

* Le pimenton est un piment fumé typique d'Espagne. On en trouve aisément dans les épiceries fines et les magasins d'épices, mais on peut tout aussi bien le remplacer par du paprika doux ou fort, selon votre niveau de tolérance à la chaleur !

PURÉE DE HARICOTS NOIRS

250 g	(1 tasse) de haricots noirs secs	
150 ml	($^2/_3$ tasse) d'eau	
1	oignon blanc, tranché	
2 ¹/₂	c. à soupe d'huile végétale	
2	c. à soupe de cumin	
1	c. à café de coriandre moulue	
¹/₂	c. à café de poivre noir moulu	
¹/₂	c. à café de sel	

BRAISÉ DE HARICOTS ROUGES

350 g	(1 ¹/₂ tasse) de haricots rouges secs	
1	c. à soupe de gingembre, haché	
2	gousses d'ail, écrasées	
210 g	(1 ¹/₂) oignon, haché	
2	c. à soupe de pimenton * (paprika fumé)	
1	c. à soupe de poudre de cari	
¹/₂	c. à soupe de coriandre moulue	
¹/₂	c. à soupe de poivre moulu	
200 g	(1 ¹/₂ tasse) de tomates entières	
¹/₂	piment chipotle mariné	
	Jus de lime, au goût	
	Sel et poivre, au goût	
	Miel, au goût	

GARNITURE (POUR 12 TACOS)

100 g	(1 tasse) de radis coupés en julienne	
150 g	(1 tasse) d'oignons marinés	
75 g	(1 tasse) de coriandre fraîche, hachée	
500 g	(2 tasses) de fromage feta, émietté	

L'histoire du Nomade SO6 commence à New York. Rassurez-vous, ce ne sont pas les stands à roteux douteux qui ont inspiré le chef **Marc-André Lavergne**, mais plutôt une brasserie chic qui faisait dans la « haute saucisse ».

Ce jour-là, un déclic s'est produit dans la tête de Marc-André : l'idée du Nomade SO6 était née.

Se sont ensuivies des heures de plaisir à boyauter à peu près tout et n'importe quoi, question de faire quelques tests autodidactes avant de s'autoproclamer maître-saucissier. Pour garnir son menu, son choix s'est arrêté sur des mets inspirés des classiques de la *street food*.

Chaque saucisse est donc un clin d'œil à des plats comme les dumplings au beurre d'arachide du quartier chinois (saucisse arachides-coriandre), le cheeseburger de *parking* de *diner* (saucisse cheddar et bacon) ou encore la salade de papayes vertes à la thaïe de Kao San Road (saucisse Sriracha).

STREET FOOD

CHIC

SAUCISSES SRIRACHA

POUR LA PETITE HISTOIRE, QUAND L'USINE CALIFORNIENNE DE SAUCE SRIRACHA A MENACÉ DE FERMER SES PORTES À LA FIN DE 2013, UN TSUNAMI DE MESSAGES DE DÉTRESSE A DÉFERLÉ SUR LES RÉSEAUX SOCIAUX. « #SRIRACHAPOCALYPSE », GAZOUILLAIT-ON AVEC EFFROI. C'EST VRAI QUE CETTE SAUCE THAÏLANDAISE EST VÉNÉRÉE AUX QUATRE COINS DU MONDE. LA TERRE NE SURVIVRAIT SÛREMENT PAS SANS ELLE... ALORS VOICI LA RECETTE DE VOS SAUCISSES DE SURVIE. VOUS POUVEZ LES CONGELER AFIN D'EN ACCUMULER UNE RÉSERVE DANS VOTRE BUNKER.

RENDEMENT **12 SAUCISSES**   PRÉPARATION **1h**   REPOS **35 MIN**   CUISSON **10 MIN**

SAUCISSES

1	un boyau de porc de petit diamètre, assez long pour une douzaine de saucisses (*demandez à votre boucher*)
200 g	de poivrons rouges grillés saumurés
125 ml	(¹⁄₂ tasse) de sauce Sriracha
2 ¹⁄₂	c. à café de pâte de tomate
1,25 kg	(2,75 lb) d'épaule de porc hachée, grosseur moyenne
1	botte de coriandre fraîche, hachée grossièrement
¹⁄₂	c. à soupe de sel fin
¹⁄₂	c. à café de poivre noir moulu
	Un peu d'huile de tournesol ou d'arachide, pour la machine à saucisses

POUR SERVIR

12	buns vapeur *
6	petits concombres, émincés
1	papaye verte, émincée
1	botte de coriandre, hachée
	Sauce Sriracha, au goût
	Arachides concassées, au goût

→ **Laisser dégorger** les boyaux à l'eau froide 20 min. Au robot culinaire, **mixer** les poivrons rouges, la sauce Sriracha et la pâte de tomate. **Mélanger** vigoureusement tous les ingrédients des saucisses durant plusieurs minutes afin d'obtenir une mixture homogène, puis **laisser refroidir** la préparation au réfrigérateur une quinzaine de minutes.

→ Pour **confectionner** les saucisses, **huiler** l'embout de votre poussoir avant d'y **enfiler** le boyau de porc. **Pousser** doucement la viande selon la technique requise par votre accessoire, sans trop la compacter pour ne pas abîmer le boyau. Une fois rempli, **pincer** le boyau entre le pouce et l'index de chaque main de la longueur de saucisse désirée et **tourner** quatre tours la section entre vos doigts pour former des chapelets. **Répéter** jusqu'au bout du boyau. **Laisser sécher** les saucisses au réfrigérateur avant de les **couper** et de les **griller** à votre goût.

→ **Servir** chaque saucisse dans un bun vapeur, accompagnée de concombres, de papaye verte émincée et garnie de coriandre fraîche hachée.

* Les buns vapeur sont de petits pains blancs ultra moelleux qu'on utilise un peu comme pour des hot dogs aux yeux bridés ! Vous pouvez vous amuser à les faire vous-même (le célèbre David Chang du restaurant Momofuku a publié sa recette) mais honnêtement, c'est un peu comme essayer de faire ses propres biscuits soda... Laissez ça aux professionnels. On vous recommande plutôt de vous les procurer tout simplement dans toute bonne épicerie asiatique.

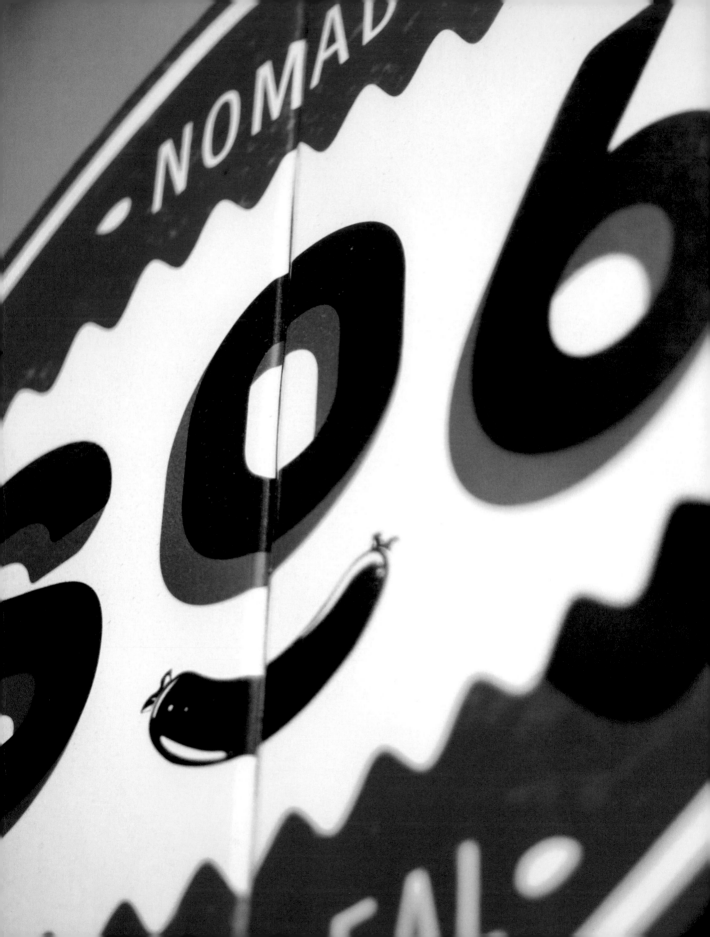

PÂTE SUCRÉE

250 g (2 ¹/₄ tasses) de farine tout usage

5 c. à soupe de sucre à glacer

75 g (¹/₃ tasse) de beurre demi-sel froid, en dés

1 œuf

GANACHE AU CHOCOLAT

200 g (1 tasse) de chocolat au lait

2 ¹/₂ c. à soupe de beurre demi-sel

125 ml (¹/₂ tasse) de crème 35 %

1 c. à soupe de glucose

MOUSSE AU BEURRE D'ARACHIDE

2 jaunes d'œufs

3 c. à soupe de miel

60 ml (¹/₄ tasse) d'eau

120 g (¹/₂ tasse) de beurre d'arachide

1 feuille de gélatine

4 blancs d'œufs

1 bonne c. à soupe de sucre

CARAMEL À LA FLEUR DE SEL

2 c. à soupe d'eau

225 g (1 tasse) de sucre

125 ml (¹/₂ tasse) de crème 35 %

2 c. à soupe de fleur de sel

Quelques morceaux de banane pour la décoration.

TARTE AU CHOCOLAT
BEURRE DE PEANUTS

CETTE TARTE PEUT PARAÎTRE UN PEU LONGUE À PRÉPARER POUR LES PARESSEUX DE CE MONDE, MAIS DITES-VOUS QU'ON AURAIT PU LA BAPTISER « TARTE FOLLE-DANS-TÊTE À TOUT CE QU'ON AIME ». ALORS À VOS FOUETS. VOUS NE SEREZ PAS DÉÇU.

PRÉPARATION 5 MIN   CUISSON 20 MIN   REPOS 45 MIN

→ **Préchauffer** le four à 180 °C (350 °F).

→ Pour la pâte sucrée, au robot culinaire, **mixer** la farine et le sucre. **Incorporer** le beurre et l'œuf, puis **mélanger** jusqu'à l'obtention d'une boule homogène. **Couvrir** d'une pellicule plastique et laisser reposer au réfrigérateur 30 min. **Couvrir** le fond d'un moule à tarte de 25 cm (10 po), **piquer la pâte** à la fourchette puis **cuire** au four 15 min. **Laisser refroidir** à température ambiante au moins 15 min.

→ Pour la ganache au chocolat, au bain-marie*, **faire fondre** le chocolat et le beurre. Au micro-ondes, **chauffer** la crème une vingtaine de secondes et **verser** sur le chocolat. **Ajouter** le glucose. **Verser** la ganache dans le fond de tarte tiédi et **mettre** au réfrigérateur 30 min.

→ Pour la mousse au beurre d'arachide, au bain-marie, **fouetter** les jaunes d'œufs, le miel et l'eau pour obtenir un sabayon, c'est-à-dire une belle consistance onctueuse, un peu comme une crème fouettée. Dans un grand bol, **diluer** le beurre d'arachide dans l'eau avec la feuille de gélatine, puis **ajouter** le sabayon. **Mélanger** délicatement. Dans un cul-de-poule, **fouetter** les blancs d'œufs, le sucre et l'eau au batteur électrique pour en faire une meringue. *Une meringue réussie se tient même quand on renverse complètement le cul-de-poule.* **Incorporer** doucement la meringue à la préparation de beurre d'arachide, puis **verser** le tout sur la couche de ganache refroidie. **Laisser prendre** au réfrigérateur 30 min.

→ Pour le caramel, dans une casserole, **porter à ébullition** l'eau avec le sucre. **Cuire** sans trop mélanger jusqu'à ce que le sucre caramélise. **Retirer** du feu, *faites ça viiite! Vous n'avez que quelques secondes entre un délicieux caramel ambré et un vieux sirop brûlé poche qui boucane partout dans la cuisine!* En dehors du feu, **ajouter** la crème et **fouetter** vigoureusement en faisant attention aux éclaboussures, *parce que du sucre brûlant c'est très, très chaud et ça fait des bulles sur la peau. On ne veut pas ça.* **Ajouter** le sel d'un geste désinvolte et **laisser refroidir** à température ambiante. **Réserver**.

* Un bain-marie c'est tout simplement un petit cul-de-poule posé sur une casserole d'eau qui bout. Le seul détail important à considérer : le cul dudit cul-de-poule ne doit pas toucher à l'eau bouillante, mais seulement se laisser réchauffer par la vapeur d'eau.

→ Pour servir ce dessert devant vos convives épatés, **placer** un morceau de tarte au centre d'une assiette, **ajouter** nonchalamment quelques tronçons de banane et **décorer** de quelques filets de caramel salé en vous la jouant Jackson Pollock.

Le Lucky's Truck est l'un des vétérans des camions gourmands de Montréal. Né au tout début de l'aventure de la rue, il a fait ses dents *back in the days*, à l'époque où les permis de la ville n'existaient pas encore et où les chefs-proprios devaient user de ruses pour se faufiler entre les fines lignes des règlements municipaux.

Depuis le premier jour, **Valérie Impala** et **Mathieu Boudrias** ont partagé une philosophie de création collective pour le menu du camion : « *Tout le monde peut avoir une idée, on va prendre le temps de l'écouter. Ensuite on détermine si elle tient la route...* »

Résultat : le Lucky's est fiable comme une vieille minoune. Toujours là pour vous rassasier avec un plat qui fait la *job*, testé et éprouvé au fil des saisons et par la statistique des foules.

Des vrais routards de la *street food*.

ROAD TRIP

DE BOUFFE

LA FAMEUSE

POUTINE AU CANARD CONFIT

SI LE QUÉBEC CULTIVE L'AMOUR POUR LA POUTINE, CE METS EST AUSSI AU CŒUR DE GRANDES CONFRONTATIONS. DRUMMONDVILLE ET VICTORIAVILLE Y SONT ENNEMIES JURÉES ; UNE RIVALITÉ DIGNE DES SÉRIES ÉLIMINATOIRES MONTRÉAL-BOSTON ANIME LA COMPÉTITION DONT LE BUT EST DE SAVOIR QUELLE VILLE EN DÉTIENT LA PATERNITÉ... OH WELL, DITES-VOUS QU'EN 2013-2014, LA COUPE STANLEY DE LA POUTINE EST REVENUE À MONTRÉAL, ET C'EST LE LUCKY'S TRUCK QUI A EU LA FIERTÉ DE TRIMBALLER LA « FOURCHETTE D'OR » GRÂCE À SA FAMEUSE POUTINE AU CANARD CONFIT. ALLEZ MONTRÉAL !!!

RENDEMENT	4 PORTIONS	PRÉPARATION	20 MIN	REPOS	1 NUIT	CUISSON	5 h

→ Pour le canard confit, **enrober** les cuisses du mélange d'épices et **laisser reposer** au réfrigérateur durant 24 h. Le lendemain, **dessaler** les cuisses et les **déposer** dans un plat allant au four. **Recouvrir** du gras de canard et **enfourner** à 165 °C (325 °F), durant 4 à 5 h ou jusqu'à ce que la viande se défasse complètement de l'os. **Égoutter** les frites, **effilocher** la viande et **TOUT garder** : *la viande pour la poutine, le gras de canard (à conserver au froid) pour usages ultérieurs et les os pour une base de sauce ou de bouillon. Vous pouvez même faire frire les peaux de canard quelques secondes et les servir sur la poutine. Hé oui, confit ET frit, au diable les calories !* **Réserver** la viande.

→ Pour les oignons caramélisés, dans une poêle, faire **fondre** le gras de canard avec les oignons à feu très doux durant une bonne quinzaine de minutes. **Ajouter** le vinaigre balsamique et **laisser réduire** 5 min. **Ajouter** le miel et **poursuivre** la cuisson 10 min. **Saler** et **poivrer**. **Mélanger** les oignons à la viande de canard effilochée.

→ Au moment de servir, **placer** les frites au fond de petites barquettes. **Recouvrir** de fromage à poutine, d'une généreuse louche de sauce, et finalement d'une belle petite motte de viande effilochée. **Planter** une fourchette en équilibre dans tout ça, et **dévorer** jusqu'au fond en vous disant qu'on dira ce qu'on voudra, la poutine, c'est bon en taaaa!

⚠️ *Vous comprendrez que le Lucky's souhaite garder le secret de la fameuse sauce de la fameuse poutine qui a gagné la fameuse fourchette d'or. Pour cette recette, utilisez une sauce à poutine préparée ou encore tentez de reproduire celle du Lucky's en y ajoutant «du vin rouge, du foie gras et beaucoup d'amour».*

CANARD CONFIT

4	cuisses de canard
110 g	(1/2 tasse) de gros sel à marinade
1	c. à soupe de sucre blanc
1	feuille de laurier, émiettée
1	c. à soupe de baie de genièvre
1	gousse d'ail, hachée
1	branche de romarin
1 L	(4 tasses) de gras de canard

OIGNONS CARAMÉLISÉS AU VINAIGRE BALSAMIQUE

1	oignon rouge, émincé finement
2	c. à soupe de gras de canard
2	c. à soupe de vinaigre balsamique
2	c. à soupe de miel du Québec
	Sel et poivre, au goût

POUTINE

2 L	(8 tasses) de frites bien chaudes
1 L	(4 tasses) de sauce à poutine *
425 g	(2 tasses) de fromage en grains *(le Lucky's utilise celui de la fromagerie Boivin)*

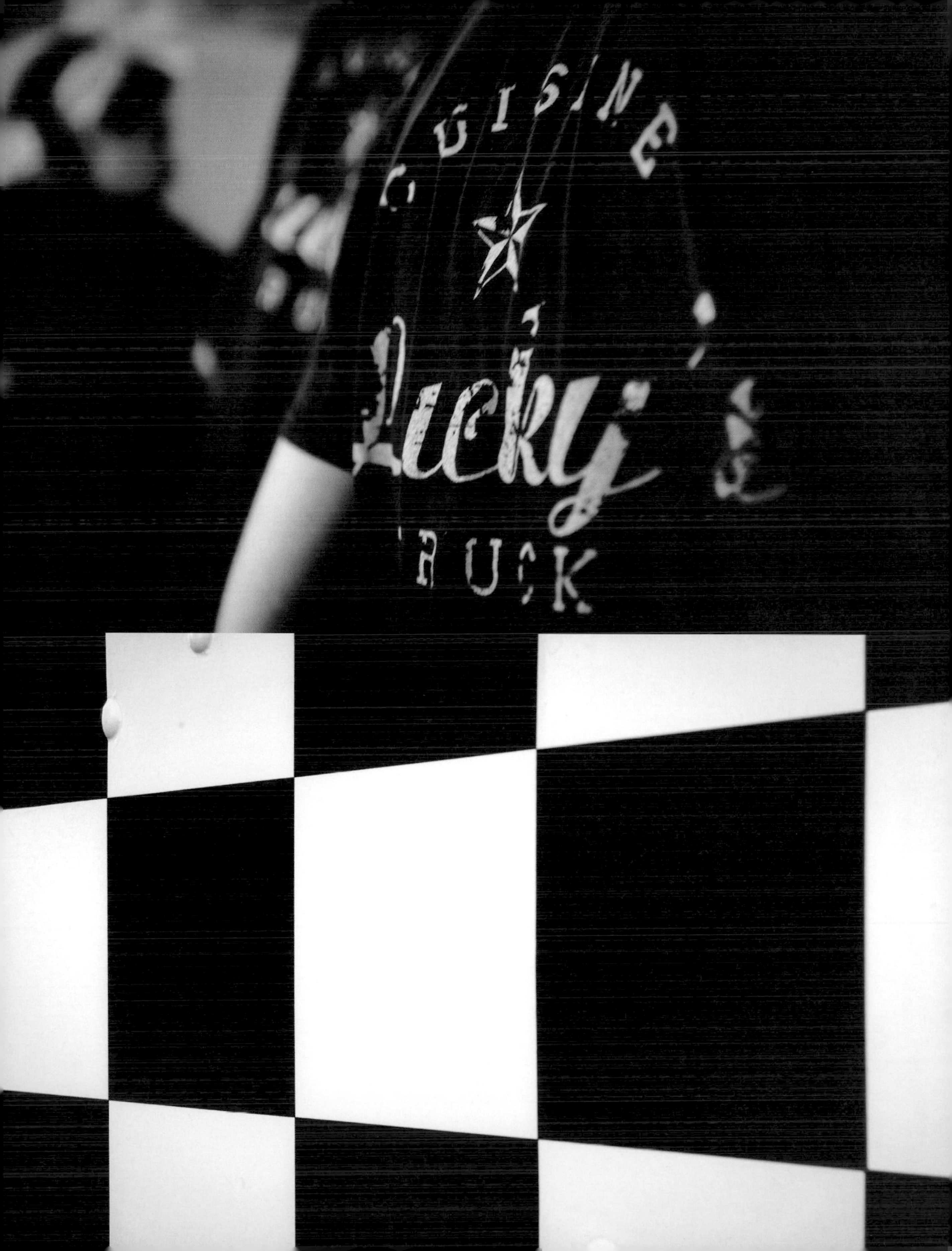
CUISINE

MAC & CHEESE BURGER

VOILÀ UN BURGER QUI FAIT UN PIED DE NEZ MAGISTRAL AUX BOULETTES DE BŒUF CLASSIQUES. LE MACARONI RÉCONFORTE, LA MAYO DONNE UN PETIT KICK, LA SALADE DE CHOU CROQUE SOUS LA DENT. TOUT S'HARMONISE PARFAITEMENT.

RENDEMENT **4 PORTIONS**   PRÉPARATION **30 MIN**   REPOS **1 NUIT**   CUISSON **20 MIN**

Pour la galette de mac & cheese, cuire les macaronis à grande eau salée selon les indications du fabricant. On les veut al dente. N'oubliez pas qu'elles finiront dans une boulette frite, alors si c'est trop cuit, ce sera mou et... triste.

→ Dans une poêle profonde ou une grosse casserole, **faire fondre** le beurre et y **faire revenir** l'ail, le bacon et les oignons. **Ajouter** le lait, la crème, le fromage en tranches et le fromage en grains et **laisser épaissir**. **Ajouter** quelques cuillerées de farine au besoin : *on veut que ça pogne.*

→ **Ajouter** les pâtes à la sauce et bien **mélanger** pour que la sauce s'insère dans tous les petits trous. **Placer** un morceau de papier ciré ou de papier parchemin dans un moule à gâteau ou une assiette à tarte *(pour la grosseur du moule, les 4 boulettes doivent y loger côte à côte)* et y **étaler** les nouilles crémeuses. **Recouvrir** de fromage à poutine et **placer** le tout au réfrigérateur pour la nuit.

→ Le lendemain, **couper** le macaroni en boulettes – *à l'emporte-pièce si vous les voulez rondes à tout prix, mais vous pouvez aussi les découper en carrés ou même en pointes de tarte. Votre estomac n'y verra que du feu!* **Paner** vos galettes en les plongeant successivement dans la farine, l'œuf et la chapelure assaisonnée au paprika et à la poudre d'ail. **Réserver**.

→ Pour la mayonnaise épicée, **mélanger** tous les ingrédients et **réserver**.

→ Pour la salade de chou vert, **mélanger** le chou avec le vinaigre. **Saler** et **poivrer** et **laisser reposer** 5 min, puis **ajouter** une bonne dose de mayonnaise épicée (environ ¼ de tasse). **Réserver**.

→ **Frire** les galettes de mac & cheese 30 s ou jusqu'à ce qu'elles soient bien dorées, dans l'huile à 180 °C (350 °F). **Égoutter** sur du papier absorbant.

→ Pour assembler les sandwichs, **chauffer** les pains au four durant quelques minutes. Sur le pain du dessous, **superposer** 1 c. à soupe de mayonnaise épicée, une galette de mac & cheese, une tranche de bacon fumé croustillant, 2 tranches de tomates du jardin et un peu de salade de chou vert. **Refermer** avec l'autre pain et **savourer**! Vous l'avez bien mérité.

BOULETTE DE MAC & CHEESE

2	c. à soupe de beurre
1	gousse d'ail, hachée
2	tranches de bacon, en dés
$^1/_2$	petit oignon rouge, en dés
125 ml	($^1/_2$ tasse) de lait
250 ml	(1 tasse) de crème 35 %
150 g	de fromage en tranches style «Kraft», mais blanc
	Un peu de farine, au besoin
450 g	(2 $^1/_2$ tasses) de macaronis, cuits
125 g	($^1/_2$ tasse) de fromage en grains
75 g	($^1/_2$ tasse) de farine
2	œufs
120 g	(1 tasse) de chapelure
1	c. à soupe de paprika
1	c. à soupe de poudre d'ail

MAYO ÉPICÉE

1	tasse de mayonnaise du commerce
3	c. à soupe de Sambal Oelek *(ou toute bonne sauce épicée)*
2	gousses d'ail, finement hachées
	Sel et poivre

SALADE DE CHOU VERT

115 g	(1 tasse) de chou vert râpé (environ $^1/_4$ de chou)
2	c. à soupe de vinaigre blanc
	Sel et poivre

POUR SERVIR

4	pains à burger à votre goût
4	tranches de bacon fumé croustillant
8	tranches de tomates du jardin

Chrissy Durcak fait partie de cette nouvelle génération de baristas qui redonnent ses lettres de noblesse à l'or brun. Une génération qui traite les grains de café comme des petits fruits de saison et de régions, plutôt que comme des crottes de lapin séchées depuis belle lurette. C'est vrai que pendant des décennies, les Nabob et Folgers de ce monde nous ont abreuvés de jus de chaussettes plus ou moins éthique, pas vraiment buvable, où jamais on n'a fixé le prix du kilo en tenant compte de la réalité des producteurs et des plantations.

La bonne nouvelle, c'est que cette «nouvelle vague» déferle de plus en plus abondamment aux quatre coins de la ville. Il est désormais possible de siroter des cafés à la fois goûteux, équitables et frais, dans des endroits comme le Dispatch.

Chez Chrissy, on fait les choses autrement. Cette passionnée de café a choisi un local à gazoline et des gobelets à emporter pour éviter d'avoir des comptes à rendre à des actionnaires. Elle opère son propre micro-torréfacteur, et vend son café à l'état solide ou liquide dans un petit local du quartier Mile-Ex quand elle n'est pas sur la route. Elle propose un bar à café, pour les amateurs qui voudraient faire une dégustation plus élaborée et en discuter en sirotant un parfait espresso bien serré. Et puis, le Dispatch est le seul camion où les clients sont invités à entrer. On monte quelques marches par l'arrière du véhicule, et hop ! on se retrouve au comptoir, à bavarder tranquillement avec le caissier pendant que coule notre café ou notre latte.

On relaxe, on jase, on oublie l'extérieur, et le temps se suspend…

AUX

GRAINS NOBLES

CAFÉ GLACÉ

(À PARTIR DE COLD BREW)

VOUS CONNAISSEZ LE *COLD BREW* ? *IT'S VERY TENDANCE.*
UN PEU COMME LE COUSIN BOBO DU CAFÉ FILTRE,
IL PROPOSE UN GOÛT PLUS « ALLONGÉ » QUE CELUI
DE L'ESPRESSO, MAIS SA MÉTHODE DE CONFECTION,
EN DOUCEUR ET À TEMPÉRATURE AMBIANTE, LUI
CONFÈRE UNE SAVEUR BEAUCOUP PLUS VELOUTÉE.

PRÉPARATION **15 MIN**   REPOS **8 à 12 h**

CONCENTRÉ DE CAFÉ

1 ½   tasse de café en grains de votre torréfacteur favori (*Chrissy recommande de choisir des grains du Guatemala, du Panama, du Costa Rica ou de la Colombie pour une saveur plus sucrée et épicée*).

1L   (4 tasses) d'eau filtrée, à température ambiante.

POUR SERVIR

Eau filtrée, pour diluer la concentration

Lait de bonne qualité ou crème

Sucre blanc

Glaçons

→ Pour le concentré de café, **moudre** les grains à mouture moyenne. **Verser** l'eau dans une grande carafe, **ajouter** le café moulu et **mélanger** vigoureusement durant une bonne minute. **Couvrir** avec une pellicule plastique et **laisser reposer** au réfrigérateur durant 8 à 12 heures.

→ **Sortir** la carafe du frigo, bien **mélanger** et **filtrer** 2 fois le liquide en le versant dans une étamine déposée sur une passoire ou un filtre de type « Melitta #4 » placé sur un entonnoir à café. Le but est d'éliminer un maximum de sédiments dans le liquide afin d'éviter qu'ils continuent à libérer des saveurs et rancissent le goût.

→ Pour servir vos cafés glacés, **verser** 1 tasse de concentré dans des verres festifs remplis de glaçons, **ajouter** sucre, eau, lait ou crème selon votre goût et **savourer** avec beaucoup de soleil et des lunettes fumées.

→ Le concentré se conserve entre 10 jours et 2 semaines au réfrigérateur.

CA PHÉ SUA DA

(AFFOGATO STYLE VIETNAMIEN)

VOICI UNE MERVEILLEUSE INTERPRÉTATION DU CAFÉ VIETNAMIEN – TRADITIONNELLEMENT SERVI AVEC ASSEZ DE LAIT CONCENTRÉ SUCRÉ POUR BOUCHER UNE PETITE ARTÈRE À CHAQUE GORGÉE. ICI, LA CRÈME GLACÉE JOUE LE RÔLE DU LAIT ET AJOUTE À L'EXPÉRIENCE UNE FABULEUSE SENSATION DE CHAUD-FROID QUI DONNE DES FRISSONS, TOUT EN CONJUGUANT LE BUZZ DU SUCRE À CELUI DE LA CAFÉINE. WIIIIZZZZ !

RENDEMENT	6 PORTIONS	PRÉPARATION 25 MIN	REPOS 6 h	CUISSON 20 MIN	

→ Pour la crème glacée, **amener à ébullition** le lait en raclant régulièrement le fond de la casserole avec une spatule de caoutchouc. **Laisser refroidir**, puis ajouter la chicorée rôtie et **remuer** quelques instants seulement pour ne pas diviser le lait. **Laisser macérer** durant une heure, puis **filtrer** délicatement à travers une étamine ou un chinois.

→ Dans un bol, **fouetter** les jaunes d'œufs et le sucre jusqu'à l'obtention d'une belle texture crémeuse. Dans un autre bol, **mélanger** la crème et le lait condensé sucré.

→ **Porter à nouveau à ébullition** le lait infusé à la chicorée. **Verser** un petit trait du lait chaud sur la préparation aux œufs en fouettant vigoureusement pour la réchauffer. Lorsque c'est chaud, **verser** dans la casserole de lait et **racler** constamment le fond avec la spatule de caoutchouc jusqu'à ce que le mélange épaississe. **Retirer** du feu et **incorporer** le mélange lait condensé – crème en le filtrant à travers l'étamine ou le chinois pour refroidir la préparation et arrêter la cuisson. **Ajouter** le café liquide, **mélanger** et **placer** au réfrigérateur jusqu'à refroidissement complet. **Placer** dans une sorbetière ou une machine à crème glacée et **procéder** selon les indications du fabricant.

→ Pour servir le café, **placer** une belle boule de crème glacée au fond d'un verre. Au four à micro-ondes, **réchauffer** le concentré de café une vingtaine de secondes, ou **préparer** un espresso à votre goût. **Verser** le précieux nectar et **déguster** rapidement, avant que ne fonde cette divine crème glacée !

CRÈME GLACÉE

325 ml	(1 ½ tasse) de lait de bonne qualité
575 g	(2 ½ tasses) de racine de chicorée rôtie *
6	jaunes d'œufs de calibre extra gros
125 g	(½ tasse + 1 c. à soupe) de sucre
175 ml	(¾ tasse) de crème 35 %
175 ml	(¾ tasse) de lait condensé sucré
125 g	(½ tasse) de café, moulu au réglage « gros grain »

POUR LE CAFÉ VIETNAMIEN

95 ml	(3 oz) de concentré de café (recette p. 50) ou 1 espresso de bonne qualité

La chicorée a un goût très particulier et ressemble un peu à un bâton de cannelle en morceaux. On trouve cet ingrédient – un incontournable de cette recette – dans les magasins à épices et les épiceries italiennes.

Le célébrissime hot dog est un emblème de la cuisine de rue. Icône de New York, c'est l'un des plats les plus démocratiques, que les grands de Wall Street avalent sur un coin de rue en trente secondes top chrono, entre deux *meetings* au sommet.

À Montréal, on a choisi de se tenir loin de ce genre de saucisses composées d'aliments plus ou moins comestibles. On préfère servir une nourriture de qualité. Et Chaud Dogs est là pour nous le rappeler.

Jonathan Cheung, **Mark Daigle** et **Tays Spencer** se sont fait une mission d'apporter les hot dogs de rue à Montréal. En s'inspirant de la pop, ils ont élaboré leur propre recette de saucisses « style Hygrade », tout aussi jouissives et, surtout, faites à la main, à base d'épaule de porc et de côtelettes de bœuf : 100 % vrais aliments !

Résultat : des *dogs* qu'on peut manger sans culpabilité, avec des garnitures dignes de la folie créative de ces affamés de cuisine.

CHAUD DOGS

FABULEUX

ROTEUX

CHAUD DOGS

QUEL PANACHE ! AVOUEZ QU'ON EST LOIN
DU RELISH-MOUTARDE !

ALLA PUTANESCA

RENDEMENT **4 PORTIONS**   PRÉPARATION **30 MIN**   REPOS **5 MIN**   CUISSON **1h30 MIN**

→ Pour la caponata, **faire dégorger** les aubergines saupoudrées de sel et déposées dans une passoire pendant environ une demi-heure. **Rincer** à grande eau et **bien égoutter**. **Enduire** d'huile d'olive, puis **enfourner** à 180 °C (350 °F) 30 min, ou jusqu'à ce qu'elles aient ramolli sans colorer. **Égoutter** l'excédent d'huile sur du papier absorbant et **réserver**.

→ Dans une poêle, à feu moyen, **faire fondre** l'oignon et l'ail avec une pincée de sel une dizaine de minutes ou jusqu'à ce qu'ils soient dorés et translucides. **Ajouter** le piment broyé et la brunoise de tomates, **réchauffer**, puis **ajouter** les aubergines et **laisser cuire** durant quelques minutes. **Ajouter** les noix de pin préalablement grillées dans une poêle et les olives.

→ Dans un petit bol, **mélanger** les feuilles de basilic et de menthe avec un peu d'huile d'olive et **assaisonner** avec le sel de céleri.

→ Pour la vinaigrette aux tomates, **faire une incision en « X »** à la base des tomates et les **plonger** dans l'eau bouillante avec l'ail durant 3 à 4 min. Les **sortir** de l'eau chaude et les **plonger** dans l'eau glacée. Les **peler** et les **épépiner**. Au robot, **mixer** les tomates, l'ail, la pâte d'anchois et le vinaigre. **Ajouter** l'huile en filet pour que la préparation épaississe. **Assaisonner** avec un peu de sel et de paprika.

→ Pour les câpres frites, les **essorer** dans un linge propre ou du papier absorbant. Les **frire** dans l'huile à 180 °C (350 °F) *(vous pouvez utiliser une petite casserole plutôt que de sortir votre friteuse)* jusqu'à ce qu'elles s'ouvrent comme des fleurs. **Égoutter** sur du papier absorbant.

→ Pour les croûtons, **découper** le pain en cubes et le **griller** dans l'huile avec l'ail et le romarin jusqu'à ce qu'il soit bien doré et croustillant.

→ Au moment de servir, **combiner** tous les ingrédients ensemble comme une grande salade tiède bien festive, **servir** sur les hotdogs et **saupoudrer** de parmesan. **Ouvrir** grand la bouche et **insérer** sans hésiter.

* De grâce, n'allez pas gâcher votre beau travail de garniture avec des misérables saucisses Hygrade. La recette vaut le détour jusque chez votre boucher pour lui demander ses meilleures saucisses à hot dog, version améliorée !

CAPONATA

1	aubergine, en cubes de 1 cm (1/2 po)
2	c. à soupe d'huile d'olive
1	petit oignon rouge ou blanc, émincé finement
1/2	gousse d'ail, hachée
4	tomates épépinées, en brunoise
1	c. à café de piment chili, broyé au mortier
1	c. à soupe de noix de pin, grillées
8	olives noires, en brunoise
2	c. à soupe de basilic frais, haché
1	c. à soupe de menthe fraîche, hachée
2	c. à soupe de sel de céleri

VINAIGRETTE AUX TOMATES

1	gousse d'ail
3	tomates
1	c. à café de pâte d'anchois
1	c. à café de vinaigre de vin rouge
125 ml	(1/2 tasse) d'huile d'olive
	Sel, au goût
	Paprika, au goût

CÂPRES FRITES

85 g	(1/2 tasse) de câpres
	Huile, pour la friture

CROÛTONS DE PAIN

1	pain à hot dog ou 2 tranches de pain
2	c. à soupe d'huile d'olive
1/2	gousse d'ail, hachée
1	c. à soupe de romarin frais, haché

POUR SERVIR

60 g	(1/2 tasse) de fromage parmesan ou pecorino-romano, râpé
4	saucisses à hot dog *
4	pains à hot dog (vu la quantité de garnitures, choisissez de beaux gros pains bien moelleux)

CORN DOGS

(POGOS MAISON)

UN DIRA CE QU'ON VOUDRA, UN BON POGO, ÇA RENTRE TOUJOURS AU POSTE. MAIS QUAND IL EST FAIT MAISON, AVEC AMOUR ET PLEIN DE KETCHUP, LÀ, VRAIMENT, C'EST LE BONHEUR.

RENDEMENT 12 CORN DOGS

PRÉPARATION 5 MIN

CUISSON 10 MIN

→ Dans une petite casserole, à feux doux, **infuser** le vinaigre avec les épices durant une vingtaine de minutes et filtrer par la suite. **Jeter** les épices et **réserver** le liquide.

→ Dans une autre casserole, **faire fondre** les oignons avec les tomates et le piment de Cayenne. **Laisser mijoter** à feu doux durant 30 à 40 min. **Filtrer** à la passoire ou au chinois, **remettre** dans la casserole et **ajouter** le vinaigre infusé, puis le sucre et la cassonade. **Assaisonner** avec le sel et le paprika. **Réserver**.

→ **Cuire** les saucisses à la vapeur.

→ Pour les corn dogs, dans un grand bol, **mélanger** tous les ingrédients et **fouetter** jusqu'à l'obtention d'une belle consistance bien crémeuse. **Enfiler** les saucisses sur les bâtonnets et **plonger** dans la pâte sans déborder sur le bâton *(un peu quand même, c'est si bon quand il reste un peu de croûte frite après la saucisse!)*. **Chauffer** la friteuse à 180 °C (350 °F) et **frire** les corn dogs quelques minutes, jusqu'à ce que la pâte soit bien dorée et croustillante. **Égoutter** sur du papier absorbant.

→ Pas besoin de vous expliquer comment **savourer**, c'est un comportement inné!

* Pourquoi pas se la jouer rétro et écrire des petits mots sur le bâton!

KETCHUP MAISON

1	bâton de cannelle
6	clous de girofle
2	c. à café de sel de céleri
1	c. à café de cinq épices
125 ml	(½ tasse) de vinaigre de cidre
1	oignon blanc, finement émincé
12	tomates, en quartiers
	Une pincée de piment de Cayenne
2	c. à soupe de sucre
50 g	(¼ tasse) de cassonade
1	c. à café de paprika fumé
	Une pincée de sel

CORN DOGS

600 g	(3 ½ tasses) de farine de maïs
500 g	(3 ¾ tasses) de farine tout usage
200 g	(1 tasse) de sucre
5	c. à soupe de poudre à pâte
	Une pincée de sel, au goût
4	œufs
500 ml	(2 tasses) de lait
12	saucisses de bonne qualité, à votre goût
12	bâtons de bois pour enfiler les pogos *

Avec un nom comme ça, on jurerait que Landry & filles est un *truck* de famille. Pourtant, il n'en est rien. Le lien qui unit **Marc Landry**, **Josée-Anne Landry** et **Lisa-Marie Veillette,** c'est tout simplement l'amour de la bonne bouffe.

Trois amis qui ont un jour eu envie de partir en *road trip*, question de revisiter les traditions gastronomiques.

Chez Landry & Filles, on sert une cuisine inspirée de celle d'une grand-maman aussi *hip* que réconfortante. Le genre de mamie qui fait des *jokes* de dentier en te proposant un autre morceau de pain de viande aux tomates.

PLOYE AU SAUMON FUMÉ

LA PLOYE EST UNE CRÊPE DE SARRASIN ORIGINAIRE DU NOUVEAU-BRUNSWICK. LÀ-BAS, ON LA SERT SOMME TOUTE ASSEZ PLATEMENT, SI ON LA COMPARE AUX VERSIONS *PIMPÉES* QUE NOUS PROPOSENT LES LANDRY. CELLE AU SAUMON FUMÉ EST LA PLUS POPULAIRE, MAIS LA PLOYE N'EST PAS CAPRICIEUSE ; LIBRE À VOUS DE LA GARNIR À VOTRE GOÛT EN VOUS INSPIRANT DE VOTRE PROPRE GARDE-MANGER.

RENDEMENT **4 à 6** PLOYES   PRÉPARATION **15** MIN   CUISSON **5** MIN

PLOYES

60 g	(¹/₂ tasse) de farine blanche tout usage
125 g	(³/₄ tasse) de farine de sarrasin
¹/₂	c. à soupe de poudre à pâte
¹/₂	c. à café de sel
125 ml	(¹/₂ tasse) d'eau froide
250 ml	(1 tasse) d'eau chaude

GARNITURE
(POUR UNE PLOYE)

2	tranches de saumon fumé
15 g	1 c. à soupe de fromage à la crème
1	poignée de fenouil émincé, enrobé d'un peu d'huile d'olive
1 à 2	quartiers d'œuf à la coque
1	c. à soupe de caviar de Mujol
1	c. à soupe de câpres
	Jus de citron, au goût

→ **Mélanger** les farines, la poudre à pâte et le sel. **Ajouter** l'eau froide pour former une pâte très épaisse, puis **diluer** avec l'eau chaude jusqu'à l'obtention de la consistance d'une pâte à crêpe.

→ **Verser** 250 ml (1 tasse) du mélange sur une plaque (ou mieux, dans une poêle en fonte) très chaude, sans corps gras. **Cuire** d'un côté seulement, durant 3 à 4 min. Il ne faut pas tourner la crêpe, elle doit avoir un côté croustillant et un côté moelleux ! La ploye est prête quand des centaines de petites bulles apparaissent sur le dessus. **Garnir** généreusement et **servir** allègrement !

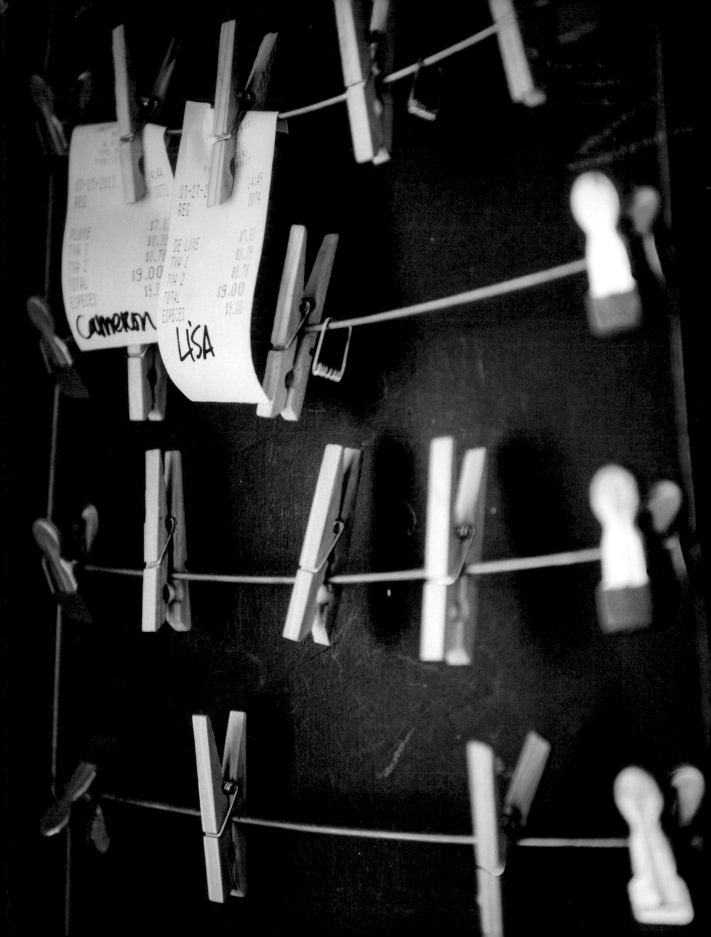

VOUS VOUS DEMANDEZ C'EST QUOI, CETTE GROSSE FACE DE LIÈVRE AVEC DES BOIS DE CHEVREUIL, SUR LE FLANC DU CAMION ? C'EST UN *BUCKJIÈVE* : LE PETIT D'UN LIÈVRE ET D'UN CHEVREUIL QUI ONT FRÉNÉTIQUEMENT COPULÉ DANS LES SOUS-BOIS NÉO-BRUNSWICKOIS. UNE VIEILLE LÉGENDE DE LÀ-BAS, QUI A VALU SON SURNOM AU CHEF MARC LANDRY – ORIGINAIRE DE LA RÉGION – ALORS QU'IL TRAVAILLAIT AU PIED DE COCHON.

DELUXE AU PAIN DE VIANDE

UN EXCELLENT EXEMPLE DE LA CUISINE DE MAMIE COOL TYPIQUE DES LANDRY. SUCCOMBEZ SANS GÊNE AUX PLAISIRS DE CE SANDWICH ÉPIQUE, QUI HONORE MAGISTRALEMENT LE FROMAGE ORANGE ET MÉRITE SA PLACE AU PALMARÈS DES MEILLEURS DE MONTRÉAL.

PRÉPARATION **20** MIN   CUISSON **1h15**

→ **Préchauffer** le four à 260 °C (500 °F). Dans une poêle, **faire revenir** les oignons et les carottes. **Couper** la baguette en petits cubes, faire **tremper** dans le lait et **essorer**. **Mélanger** la viande, les légumes, la baguette et le reste des ingrédients, sauf les tomates. Dans un moule, **verser** la moitié des tomates, **déposer** le mélange de viande et le reste des tomates. **Cuire** au four à 260 °C (500 °F) 30 min, puis à 165 °C (325 °F) durant 45 min.

→ Pour le montage des sandwichs, entre deux tranches de pain de ménage, **superposer** deux tranches de fromage et une tranche de pain de viande. **Étaler** le beurre sur les deux faces extérieures du sandwich et dans une poêle chaude, **griller** jusqu'à l'obtention d'une belle coloration.

PAIN DE VIANDE

1	petit oignon, émincé
2	carottes, en petits cubes
1	morceau de baguette ou de pain rassis
2	c. à soupe de lait
1 kg	(2,2 lb) de bœuf haché
225 g	(¹/₂ lb) de porc
1	œuf
2	c. à soupe de moutarde de Meaux
2	c. à soupe de sauce BBQ
1	c. à soupe de sauce Worcestershire
	Persil et thym, au goût
1	boîte de 796 ml (28 oz) de tomates en dés ou concassées

SANDWICH (PAR PORTION)

2	tranches de pain de ménage
2	tranches de «fromage orange» ou du fromage de votre choix *(les Landry utilisent le cheddar orange de la fromagerie St-Guillaume)*
1	c. à soupe de beurre

Voilà un camion qui a de l'audace.

Ayant eu le même *flash* que plusieurs autres propriétaires de restos-camions, **Alexandra Bonnet** s'est ravisée au moment où elle a réalisé qu'elle serait la troisième à servir des grilled cheese, cheesecakes et autres variations sur le thème du fromage.

Qu'à cela ne tienne! Sans renier ses racines – elle est l'héritière d'une longue lignée de producteurs fromagers –, elle a plutôt eu la bonne idée d'investir dans une authentique grillette à raclette qui fait aujourd'hui la renommée de son camion.

C'est ainsi que les meules fondent tout doucement sous le gril et se laissent généreusement racler à la commande, au rythme des clients. À chaque service, on se prend à reluquer tout ce fromage qui coule abondamment sur la généreuse portion de pommes de terre qui finira bientôt dans notre estomac impatient... C'en est presque hypnotisant.

BOÎTE À FROMAGES – RACLETTE EXPRESS

QUAND
LA RACLETTE
FAIT LA

STARLETTE

RACLETTE POUTINE

SACHEZ QUE LES FROMAGERIES SPÉCIALISÉES METTENT À LA DISPOSITION DE LEUR CLIENTÈLE
D'AUTHENTIQUES GRILS À RACLETTE, QUE VOUS POUVEZ LOUER POUR QUELQUES DOLLARS PAR JOUR.
ALORS POUR LES FESTIVITÉS ET AUTRES GRANDS RASSEMBLEMENTS, SAUTEZ SUR L'OCCASION DE
VOUS LA JOUER MAÎTRE FROMAGER ! SINON, CETTE RECETTE QU'ON PEUT FAIRE AVEC LES FROMAGES
À RACLETTE DÉJÀ TRANCHÉS QU'ON FAIT GRILLER AU FOUR VOUS PROCURERA TOUT AUTANT DE JOIE.

RENDEMENT **4 à 6 PORTIONS**   PRÉPARATION **20 MIN**   CUISSON **20 MIN**

→ Dans une casserole, **faire sauter** l'oignon avec le beurre, le thym et le laurier. Une fois que l'oignon est bien doré, **déglacer** avec le vin rouge, puis **laisser réduire** de moitié. **Ajouter** la demi-glace, **fouetter** vigoureusement et **passer** au chinois ou à l'étamine pour enlever les grumeaux, parce qu'une poutine avec des mottons, personne n'aime ça ! **Saler**, **poivrer**, et **réserver.**

→ **Préchauffer** le four à 220 °C (425 °F).

→ **Éplucher** et **couper** les pommes de terre en cubes ou en rondelles, à votre goût. Dans une poêle, à feu moyen-vif, faire **rissoler** les pommes de terre dans l'huile d'olive. **Saler**, **poivrer**, et **laisser cuire** jusqu'à ce qu'elles soient bien dorées à l'extérieur et tendres à l'intérieur.

→ **Placer** les pommes de terre dans un plat – ou mieux, dans des petits ramequins individuels. **Couper** le fromage à raclette en belles tranches épaisses et **disposer** sur les pommes de terre. **Enfourner** le temps que ça fonde et que ça grille doucement. **Verser** une bonne louche de sauce à poutine, **garnir** de cornichons et d'oignons et **déguster** aussitôt.

* Pour cette version de raclette en particulier, la Boîte à fromages aime bien utiliser la petite croûte du bout de la meule. C'est encore plus goûteux et ça «kwick» sous la dent ! Vous pouvez aussi faire un mélange de fromage à raclette et de fromage à poutine classique, c'est un mariage heureux !

SAUCE À POUTINE

1	oignon, tranché grossièrement
2	c. à soupe de beurre
	Une dizaine de branches de thym frais
1	feuille de laurier
250 ml	(1 tasse) de vin rouge
750 ml	(3 tasses) de sauce demi-glace maison ou du commerce
	Sel et poivre, au goût
	Fromage à poutine *

5	pommes de terre moyennes
2	c. à soupe d'huile d'olive
	Sel et poivre
400 g	(1 lb) de fromage à raclette (*la Boîte à Fromages utilise le fromage à raclette Damafro*)
	Cornichons fins, marinés
	Oignons perlés, marinés

RACLETTE
AUX POMMES ET PACANES CARAMÉLISÉES

RENDEMENT **4 PORTIONS** PRÉPARATION **15 MIN** REPOS **15 MIN** CUISSON **10 MIN**

PACANES CARAMÉLISÉES

40 g	(¹/₃ tasse) de pacanes, grossièrement hachées
2	c. à soupe de beurre
5	c. à soupe de sucre brun
1	généreuse pincée de fleur de sel
4	pommes de terre moyennes
2	c. à soupe d'huile d'olive
	Sel et poivre
400 g	(1 lb) de fromage à raclette *(la Boîte à Fromages utilise le fromage à raclette Damafro)*

POMMES CHAUDES

2	c. à soupe d'huile de canola
3	c. à soupe de beurre salé
5	pommes McIntosh, en quartiers
3	c. à soupe de sucre brun
1	pincée de sel
1	pincée de noix de muscade moulue

→ Pour les pacanes, dans une poêle bien chaude, **faire fondre** le beurre, **ajouter** le sucre brun et les pacanes et **bien mélanger**. **Cuire** en remuant 30 s et **ajouter** la fleur de sel. Une fois bien caramélisée, **étendre** la préparation sur une plaque de cuisson et **laisser refroidir**.

→ Pour les pommes, dans une poêle à feu moyen, **faire fondre** le beurre et l'huile. **Ajouter** les quartiers de pommes et **faire sauter** en enrobant bien le tout. **Ajouter** le sucre brun, le sel et la noix de muscade, et **laisser cuire** doucement jusqu'à ce que les pommes soient bien caramélisées (8 à 10 min environ).

→ **Préchauffer** le four à 220 °C (425 °F).

→ **Éplucher** et **couper** les pommes de terre en cubes ou en rondelles, à votre goût. Dans une poêle, à feu moyen-vif, faire **rissoler** les pommes de terre dans l'huile d'olive. **Saler**, **poivrer**, et **laisser cuire** jusqu'à ce qu'elles soient bien dorées à l'extérieur et tendres à l'intérieur.

→ **Placer** les pommes de terre dans un plat – ou mieux, dans des petits ramequins individuels allant au four. **Couper** le fromage à raclette en belles tranches épaisses et **disposer** sur les pommes de terre. **Enfourner** le temps que ça fonde et que ça grille doucement.

→ Pour **servir**, **étendre** les pommes chaudes sur les pommes de terre et passer au four. **Saupoudrer** de pacanes caramélisées. **Savourer** en appréciant le sucré-salé qui titille les papilles !

Il y a des camions d'entrepreneurs, et d'autres qui sont des histoires de famille. Des camions qui rassemblent papa, maman et la génération d'avant, et où les enfants façonnent leurs souvenirs d'enfance entre deux événements gourmands.

Le Das Truck est de cette lignée.

Annie Clavette aux commandes, **Stefan Jacob** aux fourneaux, et quatre générations de cuisiniers qui ont guidé la route de ces restaurateurs-nés.

Pourquoi avoir choisi la voie de la cuisine de rue? *«Ça faisait long-temps qu'on rêvait d'avoir notre food truck, alors quand la folie a gagné Montréal, on s'est lancés!»*

Chacun y est allé de son grain de sel, une petite virée à NYC par ici, une tante allemande par là, Stefan qui affectionnait particulièrement la cuisine européenne... Laissez macérer, et l'idée des schnitzels est née. On a complété le menu avec du chou braisé, beaucoup de bacon (ici, on est FANS de bacon), des *drinks* d'enfants allemands et des saucisses au fromage coulant.

À partir de là, le projet était parti... *And the rest is history.*

JUSTE POUR
LE FUN DE DIRE

LE MOT

" schnitzels "

SANDWICH « DBL »

L'ACRONYME DE CE SANDWICH EST NÉBULEUX, À MI-CHEMIN ENTRE LE BLT CLASSIQUE ET LE « DOUBLE DOWN », CE FAMEUX SANDWICH-PHÉNOMÈNE DU POULET FRIT KENTUCKY OÙ DES FILETS DE POULET FRIT REMPLACENT LES TRANCHES DE PAIN. QUOI QU'IL EN SOIT, UNE CHOSE EST SÛRE : AVEC LE « DBL », VOUS AUREZ VOTRE DOSE DE SCHNITZEL.

| RENDEMENT | 4 PORTIONS | PRÉPARATION | 15 MIN | CUISSON | 5 MIN |

SCHNITZELS

8	escalopes de poulet
260 g	(2 tasses) de farine tamisée, assaisonnée à votre goût *
6	oeufs
700 g	(3 tasses) de chapelure Panko ou traditionnelle
	Zeste d'un citron
	Huile végétale ou beurre de cacao (de type «Mycryo») pour la cuisson

SANDWICHS

100 ml	(¹/₂ tasse) de sauce Currywurst ou un trait de ketchup avec un peu de cari
4	tranches de fromage suisse emmental
8	tranches de bacon caramélisé
450 g	(2 tasses) de chou braisé (choucroute) **

→ Pour faire les schnitzels, **passer** les escalopes de poulet dans la farine assaisonnée en retirant l'excédant, puis dans les œufs battus, et finalement dans la chapelure au citron. Dans une poêle, **frire** les escalopes dans le corps gras que vous aurez choisi, environ 5 min par côté ou jusqu'à l'obtention d'une belle coloration.

→ Pour assembler les sandwichs, **déposer** sur le plan de travail une escalope de poulet et **badigeonner** de sauce Currywurst. **Ajouter** 2 tranches de bacon, une tranche de fromage, une bonne portion de chou braisé, puis **refermer** avec la deuxième escalope de poulet. **Enrober** dans un papier d'aluminium afin de pouvoir manier le sandwich sans s'en mettre plein les mains et **attaquer** sans plus attendre.

Les assaisonnements du Das Truck sont TOP SECRET, alors amusez-vous avec ce qui se trouve dans votre armoire à épices !

** Le Das Truck prépare un chou braisé à la bière, bacon et Riesling, mais n'hésitez pas à choisir une version préparée dans une épicerie fine.

SCHITSSS-ZÉÉÉLE ?
PRONONCER « CHNIT-SÈLE ». ÇA VEUT DIRE « ESCALOPE »
EN ALLEMAND, ET C'EST UNE TRANCHE DE JOIE FAITE DE
VEAU, DE PORC OU DE POULET, QU'ON APLATIT EN MASSE
AVANT DE LA ROULER DANS LA PANURE ET DE LA PASSER
EN FRITURE.

POUTINE BAVAROISE

DAS KWICK KWICK !

RENDEMENT		PRÉPARATION		CUISSON	
	4 PORTIONS		15 MIN		5 MIN

→ Pour la sauce à poutine, dans une casserole, **mélanger** la bière, le fond de veau et l'oignon et **laisser réduire** jusqu'à l'obtention d'une consistance qui nappe la cuillère de bois. **Ajouter** le bacon et au robot culinaire, **mixer** jusqu'à ce que le mélange soit bien lisse et crémeux. **Remettre** dans la casserole.

→ Pour les frites, **plonger** les pommes de terre dans un grand bol d'eau pour retirer l'amidon. Bien les **éponger** et les **blanchir** à la friteuse durant 5 min à 140 °C (275 °F). Lorsque les autres ingrédients sont prêts, **replonger** les frites dans l'huile à 220 °C (375 °F) durant 3 à 5 min, jusqu'à ce qu'elles soient bien croustillantes et dorées.

→ Pour assembler la poutine, **placer** une généreuse portion de frites dans une assiette, **ajouter** le fromage en grains, **verser** la sauce bien chaude et **accompagner** de la saucisse allemande coupée en morceaux.

250 ml	(1 tasse) de bière blonde allemande
1 L	(4 tasses) de fond de veau
1	oignon rouge, émincé finement et poêlé quelques minutes
8	tranches de bacon
10	grosses pommes de terre en frites
300 g	de fromage en grains
4	saucisses «bratwurst» au fromage fumées *

* Le Das Truck prend les siennes chez le charcutier allemand Stefan Frick, mais ce type de saucisses s'achète dans toute bonne boucherie-charcuterie. Insistez sur les saucisses fumées! Une fois que vous aurez goûté à ces petites merveilles qui éclatent de fromage coulant, vous ne pourrez plus vous en passer !

Ceux qui ont déjà voyagé en Inde en conviendront : c'est un pays à la fois choquant et fabuleux, inspirant, déroutant et merveilleux, en un mot... intense. Un pays difficile à décrire, d'où personne ne rentre indifférent, et qu'on doit absolument visiter soi-même pour comprendre.

Malheureusement pour l'homo sapiens occidental moyen, l'Inde peut aussi avoir la mauvaise manie de passer sur le corps comme une moissonneuse-batteuse à saveur de curry...

Alors en attendant d'aller y faire une expédition, passez voir le traiteur Guru, qui propose un voyage tout aussi coloré mais beaucoup moins risqué. On y mange les grands classiques de l'Inde au goût de Montréal : une cuisine juste assez authentique et épicée, et sans risque pour nos petits estomacs fragiles d'Occidentaux !

VOYAGE
EN
INDE
À
MONTRÉAL

ON Y MANGE
LES GRANDS
CLASSIQUES
DE L'INDE AU
GOÛT DE
MONTRÉAL

SAMOSAS VÉGÉTARIENS

LES SAMOSAS SONT DE PETITS CHAUSSONS FARCIS QU'ON TROUVE SURTOUT EN INDE DU NORD. TRADITIONNELLEMENT, ON LES PRÉPARE AVEC DES POMMES DE TERRE, DES PETITS POIS ET TOUT PLEIN D'ÉPICES, MAIS LES DÉCLINAISONS VARIENT AU GRÉ DES RÉGIONS, DES SAISONS ET DES CUISINIERS.

RENDEMENT		PRÉPARATION		REPOS		CUISSON	
	8 SAMOSAS		1h		20 MIN		10 MIN

CHUTNEY AU TAMARIN

100 g	de pâte de tamarin *
750 ml	(3 tasses) d'eau
170 g	(¾ tasse) de sucre
1	c. à café de sel
¼	c. à café de flocons de piment chili

FARCE

½	c. à café de graines de cumin
½	petit oignon, émincé
1	grosse pomme de terre, cuite et coupée en petits dés
60 g	(¼ tasse) de petits pois verts frais ou congelés
½	c. à café de sel
1	c. à café de fenugrec sec **
½	c. à café de coriandre moulue
¼	de piment chili broyé
1 ou 2	tiges de coriandre fraîche, hachées finement

PÂTE

1 c.	à soupe d'huile
60 ml	(¼ tasse) d'eau tiède
¼	c. à café de sel
¼	c. à café de graines de cumin
125 g	(1 tasse) de farine
	Huile végétale pour la friture

→ Pour le chutney, dans une casserole, **diluer** le tamarin dans l'eau tiède durant une quinzaine de minutes, puis le **défaire** à la fourchette. **Chauffer** à feu moyen et **laisser frémir** jusqu'à ce que les noyaux se détachent. **Passer** la préparation 2 à 3 fois au chinois ou au tamis à l'aide d'une spatule pour **récupérer** un maximum de jus. **Jeter** la partie fibreuse et les noyaux restant dans le chinois. **Remettre** le jus dans la casserole, ajouter le sel, les flocons de piment et le sucre, puis **laisser réduire** la préparation jusqu'à l'obtention d'un sirop nappant.

→ Pour la farce, dans une poêle, **griller** les graines de cumin durant quelques secondes à feu doux. **Ajouter** les oignons et **laisser suer** quelques minutes. **Ajouter** les autres ingrédients et bien **mélanger. Laisser mijoter** de 3 à 4 min. **Goûter** et **rectifier** l'assaisonnement au besoin. **Réserver.**

→ Dans un grand bol, **verser** l'huile et l'eau tiède. **Ajouter** tous les autres ingrédients de la pâte et bien **mélanger. Pétrir** la pâte durant 5 à 6 min, puis **former** une belle boule bien lisse. **Couvrir** la pâte d'une pellicule plastique et **laisser reposer** 15 min. **Diviser** la pâte en 4 petites boules, les **couvrir** d'un torchon et **laisser reposer** 5 min supplémentaires. **Abaisser** chaque boule de pâte en un rond d'environ 15 cm (6 po) de diamètre. **Humecter** le pourtour et **rouler** chaque demi-cercle sur lui-même pour former de petits cornets. Les **garnir** avec 3 c. à soupe de farce et **refermer** en scellant l'ouverture avec de l'eau. **Frire** les samosas dans l'huile à 165 °C (325 °F) jusqu'à l'obtention d'une belle couleur dorée. **Égoutter** sur du papier absorbant et servir chaud avec le chutney au tamarin.

La pâte de tamarin s'achète en bloc dans les épiceries indiennes ou asiatiques.

** *Le fenugrec est une épice dont on mange les graines et les feuilles, surtout utilisée dans la cuisine indienne et asiatique. On en trouve dans les épiceries fines, les épiceries asiatiques et les magasins en vrac.*

BIEN QUE SA CUISINE SOIT INDIENNE, **AMAR CHOUDHRY** EST ORIGINAIRE DU PAKISTAN, PAYS QUI, À SON AVIS, N'EST PAS TRÈS DIFFÉRENT DU PREMIER : « L'INDE ET LE PAKISTAN, C'EST UN PEU COMME MONTRÉAL ET LAVAL... C'EST JUSTE UNE QUESTION DE POLITIQUE, FINALEMENT... ET PUIS DE TOUTE FAÇON, JE SUIS QUÉBÉCOIS DEPUIS 1992 ! »

Gargantua, c'est l'histoire d'un ogre décadent, un goinfre sans fond, le héros du conte de l'illustre Rabelais. Le mythe par excellence de tout ce qui est *over the top* et méga gras, orgiaque et décadent.

Gargantua, c'est l'alter ego de **Paul-André Piché**, la muse de son camion, fromageux à souhait. C'est peut-être aussi le colossal compagnon de route qu'il fallait au jeune chef pour s'attaquer à rien de moins que le grilled cheese : une légende de la cuisine-réconfort.

Et même si «tout le monde aime ça, les grilled cheese», P. A. et son gros pote Gargantua ne se sont jamais contentés des carrés de fromage orange sans lactose ni personnalité. Les délices qu'ils nous servent superposent allègrement des ingrédients inventifs et saisonniers, et dégoulinent de saveurs d'ici et de jouissives calories.

Cheese !

LA LÉGENDE DU GRILLED CHEESE

GRILLED CHEESE

À LA SAUCISSE

QUAND ON Y PENSE, C'EST UN GENRE DE STEAK-BLÉ D'INDE-PATATES QU'ON PEUT MANGER AVEC LES MAINS. *GEEENIUS.*

RENDEMENT		PRÉPARATION		REPOS		CUISSON	
	4 PORTIONS		30 MIN		2 h		1h

PURÉE DE PATATE DOUCE

1	patate douce
2	c. à soupe d'huile d'olive
3	anis étoilés (badiane)
3	gousses d'ail

GRILLED CHEESE

3	oignons, émincés
60 g	(¼ tasse) de beurre
1	épi de maïs, épluché et égrainé
1	saucisse forte, style italienne
250 ml	(1 tasse) de vinaigre de vin rouge
125 ml	(½ tasse) d'eau tiède
2	c. à soupe de sucre
1	c. à café de sel
	Poivre, au goût
8	tranches de pain *(P.A. utilise le carré au lait de la boulangerie Hof Kelsten à Montréal)*
8	tranches de cheddar *(P.A. utilise le cheddar vieilli 2 ans de l'île-aux-Grues)*

→ Pour la purée de patate douce, **préchauffer** le four à 180 °C (350 °F). **Peler** et **couper** la patate en petits cubes. Bien **assaisonner** avec du sel, du poivre, de l'huile d'olive, les 3 anis étoilés et les 3 gousses d'ail pelées. **Étendre** sur une plaque à cuisson et cuire au four environ 45 min ou jusqu'à ce que la patate s'écrase à la fourchette.

→ Dans une petite casserole, **faire suer** le tiers des oignons émincés dans un peu de beurre et **ajouter** les grains de maïs. Bien **assaisonner** et **ajouter** le reste du beurre. **Cuire** durant 3 min maximum (le maïs ne doit pas devenir trop mou) et **retirer** du feu. **Laisser refroidir** et **réserver**.

→ **Défaire** la saucisse pour en **extraire** la chair. Dans une poêle, à feu élevé, **cuire** la chair et bien la **séparer** en s'assurant qu'il n'y ait pas trop de gros morceaux. **Réserver.**

→ **Placer** le reste des oignons dans un sac de plastique refermable ou, si vous êtes *fancy*, dans un sac sous vide. **Ajouter** le vinaigre, l'eau, le sucre et le sel. **Retirer** l'air du sac avant de le sceller et **réfrigérer** 2 h.

→ Pour monter les grilled cheese, **superposer** une tranche de pain, une tranche de fromage, une bonne cuillerée de purée de patate douce, un peu de chair à saucisse, une cuillerée de maïs et une cuillerée d'oignons marinés, puis une autre tranche de fromage et enfin, la deuxième tranche de pain. **Beurrer** le sandwich des deux côtés et **griller** à la poêle en appliquant une pression pour une cuisson égale. **Terminer la cuisson** au four si le fromage n'est pas entièrement fondu. **Déguster.**

LE GARGAN-TUESQUE

VOILÀ UNE RECETTE QUI, EN PLUS DE VOUS
EN METTRE PLEIN LA FACE, VOUS ASSURE
D'AVOIR ASSEZ DE RESTES DE CHILI POUR
NOURRIR UNE FAMILLE DE BÛCHERONS
MEXICAINS.

RENDEMENT 4 PORTIONS   PRÉPARATION 30 MIN   CUISSON 3 h

→ Pour le chili, dans une grande marmite, à feu vif, **faire suer** les oignons dans un peu d'huile d'olive jusqu'à ce qu'ils soient translucides. **Ajouter** les poivrons et les piments habaneros et **laisser cuire** 3 min supplémentaires. **Ajouter** la viande et **cuire en remuant** jusqu'à ce qu'elle brunisse. **Ajouter** la pâte de tomate, les fèves rouges et **laisser mijoter** 5 min. **Ajouter** les tomates en dés, la feuille de laurier, bien **mélanger**. **Saler**, **poivrer**, **couvrir** et **laisser mijoter** à feu doux durant 3 h.

→ Pour la crème sure cajun, **mélanger** la crème sure avec les épices cajun.

→ Pour **monter** les grilled cheese, **confectionner** un cheese classique : deux tranches de fromage entre deux tranches de pain. **Beurrer** le sandwich d'un seul côté et **griller** à la poêle des 2 côtés en appliquant une pression pour une cuisson égale. À côté, **beurrer** la 3ᵉ tranche de pain, **ajouter** une tranche de fromage et **griller** à la poêle. Quand le grilled cheese et la tranche de pain sont bien grillés, **étaler** une généreuse cuillerée de chili sur le sandwich, **placer** la tranche de pain côté fromage dessus pour **former** un club 3 étages. **Terminer la cuisson** au four si le fromage n'est pas entièrement fondu. Au moment de servir, **étendre** un filet de crème cajun sur le sandwich et **manger** goulûment.

CHILI CON CARNE

2	gros oignons blancs, en dés
	Un peu d'huile d'olive
3	poivrons verts, en dés
1 ou 2	piments habaneros, au goût
450 g	(1 lb) de porc haché
450 g	(1 lb) de bœuf haché
156 ml	(5,5 oz) de pâte de tomate
600 g	(3 tasses) de fèves rouges
12	tomates italiennes, en dés
1	feuille de laurier
	Sel et poivre

CRÈME SURE CAJUN

1	c. à soupe de crème sure
1	c. à café d'épices cajun du commerce

POUR SERVIR

12	tranches de pain (*P.A. utilise le pain de mie au lait de la boulangerie Hof Kelsten à Montréal*)
12	tranches de cheddar (*P.A. utilise le cheddar vieilli 2 ans de l'île-aux-Grues*)
60 ml	(¹⁄₄ tasse) de beurre

Le camion de **Noémie Dumais** et de son amoureux thaïlandais surnommé **Mac** là-bas, **Max** ici, de son vrai nom **Wicha**, est peut-être un peu surdimensionné pour un tuk-tuk. En Asie, les tuk-tuks sont de petits taxis aux allures d'auto tamponneuses et au son de vieilles tondeuses à huile... D'où, probablement, leur nom : « *Tuk-tuk-tuk-tuk... tuuuuk !!* »

S'inspirant de la street food thaïlandaise, le menu du Tuktuk reprend les classiques que des petites madames aux yeux bridés cuisinent à toute heure du jour et de la nuit sur les Kao San Road et autres artères surpeuplées de touristes affamés.

Pad thaïs, salades de mangues et de papayes, rouleaux et riz frits sont donc préparés selon les recettes traditionnelles que Noémie et Max ont rapportées de leur Asie chérie pour nous les servir en plein cœur de Montréal.

DE L'ASIE

JUSQU'ICI

PAD THAÏ

LE PAD THAÏ NE VOUS DEMANDERA QU'UNE CHOSE : PASSER À L'ÉPICERIE ASIATIQUE, UNE BONNE FOIS, AFIN DE GARNIR VOTRE GARDE-MANGER DE TOUS CES PETITS POTS OBSCURS DONT LES CONTENUS SONT INDISPENSABLES À SON MÉLANGE DE SAVEURS UNIQUES. UNE FOIS BIEN ÉQUIPÉ, VOUS VOUS SURPRENDREZ À SORTIR LE WOK PLUS SOUVENT QU'À VOTRE TOUR POUR VOUS SAUTER UN SOUPER PAS COMPLIQUÉ !

HUILE À L'AIL

1	gousse d'ail, coupée en 4
60 ml	(¼ tasse) d'huile de canola ou d'arachide

SAUCE THAÏ

1	gousse d'ail, hachée
1	demi-échalote française, hachée
450 ml	(2 tasses) d'eau
190 g	(¾ tasse) de pâte de tomates
2	c. à soupe de sucre blanc
3	c. à soupe de sauce aux huîtres
2	c. à café de sucre de palme
2	c. à café de sel
1	c. à soupe de vinaigre blanc
1 ½	c. à soupe de sauce chili douce
1 ½	c. à soupe de sauce de poisson
2	c. à soupe de sauce soya
1	c. à café d'huile à l'ail

PAD THAÏ

450 g	de nouilles de riz *(600 g si vous utilisez des nouilles fraîches - prévoyez 1h de trempage si vous utilisez des nouilles sèches)*
4 tiges	de ciboulette chinoise *(des oignons verts peuvent aussi faire l'affaire)*, coupées en tronçons d'environ 3 cm (1,5 po)
400 g	de la protéine de votre choix *(tofu ferme, poulet, crevettes, ou un heureux mélange à votre goût)*
	Huile de canola ou d'arachide, pour la cuisson
4	œufs
40 g	de radis sucré *(vendu en saumure et déjà coupé sous le nom de « Sweet pickeled Radish » dans les épiceries asiatiques)*
300 g	(1 ½ lb) de fèves germées
1	lime, en quartiers
	Quelques tiges de coriandre fraîche
	Arachides écrasées

RENDEMENT 4 PORTIONS   PRÉPARATION 20 MIN   CUISSON 1h15 MIN

→ Pour l'huile à l'ail, dans un wok, à feu doux, **chauffer** l'ail et l'huile quelques minutes, jusqu'à ce que l'ail commence à colorer. **Éteindre** le feu, **retirer** les gousses avec une écumoire et **réserver**.

→ Pour la sauce thaï, dans une casserole, **mélanger** tous les ingrédients et **porter à ébullition**. **Laisser mijoter** à feu doux durant 1 h ou jusqu'à l'obtention d'une belle consistance onctueuse.

→ Selon votre choix de protéine :
- Tofu: **couper** en cubes d'environ 1,25 cm (½ po) et **frire** dans l'huile à la poêle jusqu'à ce qu'il soit doré. **Réserver**.
- Poulet ou crevettes: **parer** les crustacés ou **émincer** la volaille et **cuire** dans l'eau bouillante quelques minutes. **Tremper** dans l'eau froide pour **stopper** la cuisson. **Réserver**.

→ Pour la cuisson du plat, **procéder** un pad thaï à la fois. Dans un wok, **faire chauffer** 2 c. à soupe d'huile et y **ajouter** un œuf. **Mélanger** jusqu'à ce qu'il soit cuit. **Ajouter** *un quart des ingrédients prévus*, soit les nouilles, la protéine, la ciboulette, le radis sucré et un trait d'huile à l'ail. **Sauter** 30 s. **Verser** 100 ml de sauce et **cuire** environ 4 min ou jusqu'à ce que les nouilles soient prêtes. **Ajouter** une poignée de fèves germées et **mélanger** dans le wok durant quelques secondes pour **éviter** qu'elles ne ramollissent.

→ **Servir** dans l'assiette, **décorer** de lime, de coriandre et d'arachides concassées.

SALADE DE MANGUES

À L'IMAGE DE NEW YORK, QU'ON SURNOMME LA GROSSE POMME,
BANGKOK, L'UNE DES CITÉS LES PLUS COSMOPOLITES DE L'ASIE,
EST CONNUE SOUS LE NOM DE *BIG MANGO*. LÀ-BAS, ON PRODUIT,
PRÉPARE, CONSOMME ET AFFECTIONNE SANS MODÉRATION
CE FRUIT EXOTIQUE QUI AIME LES GRANDES CHALEURS.

RENDEMENT	PRÉPARATION	CUISSON
4 PORTIONS	10 MIN	10 MIN

→ Pour la sauce, dans une petite casserole, **amener** tous les ingrédients à ébullition, puis **laisser réduire** durant une dizaine de minutes à feu moyen. **Réserver**.

→ **Couper** la mangue en bâtonnets, en petites juliennes à la mandoline ou encore en petits cubes, selon votre envie. **Émincer** les échalotes françaises et les oignons verts. **Mélanger**, puis **ajouter** la sauce, une poignée d'arachides et le piment. **Terminer** avec un trait de miel (moins la mangue est mûre, plus vous mettrez du miel) et **décorer** de coriandre au moment de **servir**.

170 g	(³/₄ tasse) de sucre de palme
60 ml	(¹/₄ tasse) de sauce de poisson
250 ml	(1 tasse) d'eau
4	mangues presque mûres *(choisissez-les encore dures)*
3	échalotes françaises
2	oignons verts
	Une pincée de flocons de piment fort, au goût
	Un trait de miel
	Quelques arachides
	Une poignée de coriandre fraîche, hachée

Printemps 2013. Trois amis coulent des jours tranquilles à travailler dans des restos et des bars de la rue Monkland, à manger de la poutine au retour de grosses soirées et à séduire des jouvencelles de la jeune vingtaine... C'est un matin de lendemain de brosse que l'illumination a fessé : «OUAIS. On se part un *food truck* !!!»

Un *food truck* avec un menu de maman (c'est vrai qu'on s'ennuie de sa mère quand on a mal aux cheveux...), du mac & cheese «comme quand j'avais dix ans» et plein, plein de fromage. Dire que la plupart des gars de leur âge auraient fini leur assiette de brunch graisseuse avant d'aller s'échouer sur un divan pour jouer à la PS4 jusqu'à ce que mort s'ensuive...

Pas eux.

Ils sont peut-être parmi les plus jeunes chefs-proprios de camion-cuisine de Montréal, mais sachez que **Pascal Salzman**, **Jarred Dunawa**, **Ketan Patel** et **Benjamin Carter**, du haut de leur 25 ou 26 ans, ont su émerger de cette fameuse veillée comme des grands.

L'idée a fait son chemin. Ils ont lancé leur projet en financement participatif, proposant des passes «Grilled cheese à volonté durant tout l'été» en pré-vente, et autres formules ingénieuses pour arriver à se payer la *cheese-mobile*.

Plusieurs mois plus tard, elle tient toujours la route.

VERY

FROMAGE

MAC & CHEESE CLASSIQUE

« AU DÉBUT, ON AVAIT UN PETIT FOUR QUI MARCHAIT COMME DE LA M…
ET QUI NOUS A LÂCHÉS LE PREMIER JOUR DU FESTIVAL JUSTE POUR RIRE !
ALORS POUR RÉCHAUFFER NOTRE MAC & CHEESE, ON A COMMENCÉ À
LE GRILLER DIRECTEMENT SUR LA PLAQUE, PIS LE MONDE CA-PO-TAIT.
C'EST COMME ÇA QU'ON LE RÉCHAUFFE MAINTENANT ! »

RENDEMENT	PRÉPARATION	CUISSON
4 à 6 PORTIONS	30 MIN	25 MIN

450 g (1 boîte) de macaronis

SAUCE BÉCHAMEL

2 c. à soupe de beurre

3 c. à soupe de farine tout usage

1 L (4 tasses) de lait

1 c. à soupe de moutarde en grains

1 c. à soupe de paprika

¹/₂ c. à soupe de poivre noir, moulu

380 g (3 tasses) de cheddar doux, râpé

Sel, au goût

GARNITURE

60 g (¹/₂ tasse) de chapelure

100 g (1 tasse) de chou-fleur en petits bouquets

75 g (¹/₂ tasse) de petits pois congelés

→ **Préchauffer** le four à 160 °C (325 °F). **Étendre** les bouquets de chou-fleur sur une plaque à biscuits et **griller** jusqu'à ce qu'ils soient dorés. **Réserver**.

→ **Monter** la température du four à 180 °C (350 °F).

→ **Cuire** les pâtes (un peu moins longtemps qu'indiqué dans les instructions, puisqu'il y aura une seconde cuisson au four). **Réserver** dans un grand bol.

→ Dans une casserole, **préparer** la sauce béchamel. **Faire fondre** le beurre à feu doux. **Verser** de la farine en fouettant doucement. **Monter** le feu à moyen-vif et **verser** le lait. *Là, vous en avez pour 15 bonnes minutes à fouetter, alors allumez la télé ou, mieux, servez-vous « un p'tit verre de vino » !* **Ajouter** la moutarde, le paprika, le poivre et **fouetter** doucement jusqu'à ce que la préparation épaississe *(vous allez la sentir « pogner »)*. Ce sera le moment d'**ajouter** 2 des 3 tasses de cheddar et de **saler**, au goût.

→ **Mélanger** la béchamel avec les pâtes et **ajouter** les bouquets de chou-fleur et les petits pois congelés. **Transférer** dans un grand plat, **parsemer** du reste de cheddar, de la chapelure et **enfourner** 15 min. Une fois le fromage fondu, **passer** à « broil » pour **faire dorer** et **croustiller** le dessus.

Si vous avez des restants, réchauffez le tout à la poêle, comme dans le truck !

Et si vous voulez un résultat plus "fromagé", n'hésitez pas à utiliser du cheddar fort ou encore d'autres types de fromages…

GÂTEAU AU FROMAGE FRIT

LE GÂTEAU AU FROMAGE FRIT DU CHEESE TRUCK NE FOURNIT PAS À LA DEMANDE, *SOLD OUT* TOUS LES SOIRS ! SI LES GARS AVAIENT SU QU'IL SERAIT SI POPULAIRE, ILS AURAIENT FAIT INSTALLER UN FRIGO PLUS GROS, JUSTE POUR LUI, QUAND ILS ONT CONÇU LE DESIGN DU CAMION !

| RENDEMENT | **4 à 6** PORTIONS | PRÉPARATION | **15** MIN | REPOS | **2 h 30** | CUISSON | **1 h 15** |

→ **Placer** la grille au centre du four et le **préchauffer** à 160 °C (325 °F).

→ Dans un bol, au batteur électrique, **mélanger** le sucre et la farine. Dans un autre bol, au batteur électrique ou à l'aide d'un batteur sur socle, **mixer** le fromage à la crème à vitesse moyenne jusqu'à l'obtention d'une belle texture crémeuse et **verser** doucement la préparation de sucre tout en continuant de **mélanger** jusqu'à ce que ce soit complètement incorporé. **Réduire** la vitesse, **incorporer** le zeste de citron et la vanille, puis **verser** doucement la crème. Dès que c'est homogène, **ajouter** le jaune d'œuf, puis les 3 œufs, un à la fois.

→ **Verser** la préparation dans un moule à gâteau beurré et **enfourner** 45 min à 1 h *(vous saurez que c'est prêt quand les côtés commenceront à brunir et que le centre commencera à craquer)*. **Démouler** en renversant sur une plaque et **garder** une bonne heure au four éteint, puis **retirer** et **laisser refroidir** jusqu'à ce que la plaque soit tiède (environ 1 h 30).

→ Pour le coulis aux framboises, dans une petite casserole, **chauffer** le sucre et l'eau en remuant constamment, jusqu'à ce que le sucre ait complètement fondu. **Ajouter** les framboises et **passer** au robot ou **mixer** au bras mélangeur. **Filtrer** à travers une étamine ou une passoire tissée serrée. **Ajouter** l'alcool si désiré.

→ **Congeler** le gâteau au fromage, puis le **découper** en petits cubes d'environ 2,5 cm (1 po).

→ **Chauffer** l'huile de la friteuse à 180°C (350 °F). **Mélanger** la bière et la farine et **plonger** généreusement chaque morceau dans la pâte avant de **frire** quelques minutes, jusqu'à l'obtention d'une belle coloration dorée. **Égoutter** sur du papier absorbant.

→ **Placer** les bouchées dans une assiette et **arroser** d'un peu de coulis aux framboises. **Manger** goulûment.

GÂTEAU AU FROMAGE

260 g	(1 + ¹/₄ tasse) de sucre
1	c. à soupe de farine tout usage
4	paquets de 227 g (8 oz) de fromage à la crème
	Le zeste d'un citron
1	c. à café d'essence de vanille
60 ml	(¹/₄ tasse) de crème 35%
1	gros jaune d'œuf + 3 gros œufs, à température ambiante

PANURE

2	bouteilles (2 x 355 ml) de bière blonde
250 g	(2 tasses) de farine tout usage

COULIS DE FRAMBOISES

150 g	(¹/₂ tasse de sucre)
3	c. à soupe d'eau
500 g	(1 lb) de framboises fraîches ou un sac de 340 g (12 oz) de framboises congelées, dégelées *(si vous préférez les fraises ou les bleuets, c'est aussi bon!)*
1	c. à café de kirsch ou d'eau de vie de framboise (facultatif)

Rémy Couture est comme un gros Mini-Wheat. Un côté entrepreneur, sérieux et prolifique, et un côté givré avec beaucoup de glaçage sucré.

CRémy est entré dans le monde de la cuisine de rue à trois roues. Au volant de son «tricycle à beignes», il a d'abord séduit une clientèle de piétons et de festivaliers en parcourant joyeusement les rues de Montréal en été.

Aujourd'hui, non seulement l'entreprise s'est dotée d'un quatrième pneu, mais elle se balade à bord d'un rutilant camion noir dont le flanc s'ouvre pour laisser découvrir un intérieur en bois massif, ainsi que des centaines et des centaines de beignes «plus-gros-que-ta-face».

Tout ça servi par une équipe de pâtissiers vêtus d'un uniforme vintage avec nœud papillon...

C'est dire, Rémy a de la vision !

L'HOMME
QUI MURMURAIT
·
À L'OREILLE
DU

TROU DE BEIGNE

BEIGNES AU CARAMEL

ET POPCORN SUCRÉ

VOICI UNE RECETTE QUI VOUS PERMETTRA DE VOUS INITIER AU VASTE MONDE DU BEIGNE FESTIF. UNE FOIS LA PÂTE MAÎTRISÉE, AMUSEZ-VOUS À VARIER LES GLAÇAGES ET LES GARNITURES À L'INFINI.

RENDEMENT	PRÉPARATION	REPOS	CUISSON
12-15 BEIGNES	1 h	2 h	10 MIN

→ Pour les beignes, dans un batteur sur socle (style Kitchenaid) muni du crochet-mélangeur, **mettre** tous les ingrédients de la pâte à beignes et **pétrir** à basse vitesse durant 10 min. **Retirer** le crochet et **couvrir** la cuve d'une pellicule plastique. **Laisser** la pâte reposer à température ambiante jusqu'à ce qu'elle ait doublé de volume, ce qui devrait prendre 1 h.

→ **Préchauffer** la friteuse à 190 °C (370 °F).

→ **Abaisser** la pâte à environ 2,5 cm d'épaisseur et la **couper** en beignes à l'emporte-pièce de la grosseur de votre choix. *Si vous n'avez pas d'emporte-pièce, utilisez une tasse et un shooter pour le milieu.* Faire un beau trou de beigne pour que l'huile puisse cuire le centre du beigne.

→ **Cuire** les beignes de chaque côté environ 2 min jusqu'à l'obtention d'une belle coloration. **Égoutter** sur une grille ou du papier absorbant et **laisser refroidir** avant de **décorer**.

→ Pour le glaçage au caramel, **chauffer** l'eau au four micro-ondes durant une trentaine de secondes. Dans une casserole chaude, **faire caraméliser** le sucre. Lorsqu'il est liquide et qu'il commence à colorer, **ajouter** la crème et l'eau, puis **faire bouillir** à nouveau et **éteindre** le feu. Une fois le mélange complètement refroidi, **ajouter** le sucre à glacer avec un fouet en n'hésitant pas à vous lécher un peu les doigts.

→ Pour le popcorn sucré, **faire éclater** les grains selon la méthode de votre choix : four à micro-ondes, cuisinière, machine vintage, feu de camp... Puis les **étendre** sur une plaque à biscuits le temps de faire le caramel. *Ne mangez pas tout là !*

→ Dans une casserole bien chaude, **faire fondre** le sucre et **laisser caraméliser**. **Ajouter** le beurre avant qu'il ne brûle et **retirer** du feu. **Mélanger**. À l'aide d'une cuillère, **répandre** le caramel sur le popcorn et **saupoudrer** de fleur de sel.

→ **Glacer** les beignes et **couvrir** d'une généreuse couche de popcorn sucré. **Déguster** allègrement !

PÂTE À BEIGNES

300 ml	(1 1/4 tasse) de lait
2	petits œufs
3	c. à soupe de sucre
135 g	(2/3 tasse) de beurre
15 g	de levure fraîche ou 8 g de levure sèche
600 g	(4 1/4 tasses) de farine
1	pincée de sel

GLAÇAGE AU CARAMEL

225 g	(1 tasse) de sucre
125 ml	(1/2 tasse) de crème 35 %
60 ml	(1/2 tasse) d'eau
500 g	(3 1/4 tasses) de sucre à glacer

POPCORN SUCRÉ

250 ml	(1 tasse) de maïs à popcorn
225 g	(1 1/2 tasse) de sucre
2	c. à soupe de beurre
	Quelques pincées de fleur de sel

BEIGNES AUX CRETONS

FAITES D'UN BEIGNE DEUX COUPS !
À VOIR SA GROSSEUR, CE BEIGNE SUCRÉ,
SALÉ, OBÈSE ET DÉCADENT N'A AUCUN MAL
À ASSUMER À LA FOIS LES FONCTIONS DE
DESSERT ET DE PLAT.

GLAÇAGE À LA MOUTARDE BASEBALL

RENDEMENT 12-15 BEIGNES   PRÉPARATION 1h30   CUISSON 1h30   REPOS 5 h

BEIGNES

(voir la recette p. 125)

CRETONS

¹/₂	c. à café de sarriette
1	anis étoilé entier
¹/₂	bâton de cannelle
2	clous de girofle
2	grains de poivre de la Jamaïque
	Sel et poivre
2	gros oignons, hachés
2	gousses d'ail
60 g	(¹/₄ tasse) de saindoux (gras de porc)
500 g	(¹/₂ lb) de porc haché mi-maigre
500 ml	(2 tasses) de mie de pain sec
1	tasse de lait
125 ml	(¹/₂ tasse) de bouillon de poulet

GLAÇAGE BASEBALL

125 g	(1 tasse) de sucre glace
2	c. à soupe de moutarde jaune
1	c. à soupe de moutarde de Dijon
1	c. à soupe de vinaigre blanc
1	pincée de sel
	Quantité suffisante d'eau

→ Pour les cretons, **emballer** la sarriette, l'anis, la cannelle, les clous de girofle et le poivre de la Jamaïque dans un coton fromage attaché en baluchon.

→ Dans une casserole, **faire suer** les oignons et l'ail dans le gras de porc. **Ajouter** le porc, le pain, le lait, le bouillon de poulet et le baluchon d'épices en prenant soin de bien **mélanger**. **Saler** et **poivrer**. **Couvrir** et **laisser mijoter** à feu très doux pendant 1 h, en remuant de temps à autre. **Poursuivre** la cuisson à découvert environ 30 min ou jusqu'à évaporation complète du liquide. **Retirer** le baluchon.

→ **Transférer** dans un contenant plat et **laisser refroidir** à température ambiante en remuant de temps en temps pour que l'émulsion des cretons soit parfaite. **Placer** au réfrigérateur durant au moins 4 h.

→ Pour les beignes, dans un batteur sur socle (style Kitchenaid) muni du crochet mélangeur, **mettre** tous les ingrédients de la pâte à beignes et **pétrir** à basse vitesse durant 10 min. **Retirer** le crochet et **couvrir** la cuve d'une pellicule plastique. **Laisser** la pâte reposer à température ambiante jusqu'à ce qu'elle ait doublé de volume.

→ **Préchauffer** la friteuse à 190 °C (370 °F).

→ **Abaisser** la pâte à environ 1,25 cm (¹/₂ po) d'épaisseur et la **couper** à l'emporte-pièce ou avec ce que vous avez sous la main, en ronds de 7,5 cm (3 po) de diamètre maximum.

→ **Cuire** les beignes de chaque côté environ 2 min jusqu'à l'obtention d'une belle coloration. **Égoutter** sur une grille ou du papier absorbant et **laisser refroidir** avant de **décorer**.

→ Pour fourrer les beignes, **remplir** une poche à pâtisserie de cretons et faire une petite incision sur le côté des gâteaux afin de les garnir. *Attention de ne pas trop en mettre, sinon le beigne va fendre et ça va déborder partout !*

→ Pour le glaçage à la moutarde, dans un bol, **mélanger** tous les ingrédients sauf l'eau. À l'aide d'un fouet, **incorporer** progressivement un peu d'eau jusqu'à l'obtention d'une texture crémeuse. **Glacer** les beignes et **savourer** en philosophant sur cette recette à la fois géniale et intempestive.

« Pas d'chicane dans ma cabane! Pas d'cochon dans mon salon! »

Eh oui! Le nom de cette PME de *boys* s'est choisi comme ça, tout droit sorti d'une comptine de la génération *Passe-Partout*. C'est arrivé dans la ruelle derrière le restaurant la Salle à Manger, véritable QG où cinq potes de cuisine ont décidé de se lancer dans la grande aventure du barbecue.

Dans le salon sans cochon, il y a **Julien Hébert**, le gérant de l'affaire. Il y a les deux Sam, **Samuel Fortier** et **Samuel Pinard**, amis d'enfance. Il y a «Carcasse» (**Jean-Sébastien Thomas**, de son vrai nom), mégalomane qui rêve à la fois d'une chaîne alimentaire et d'une «foodicoptère». Et depuis peu, il y a **Carl Champagne**, sommelier du QG qui, au milieu de ses multiples projets de microbrasseries inspirées et autres importations privées, a trouvé le temps de joindre les rangs.

Les premières épaules de porc de Pas d'cochon dans mon salon ont été lentement braisées bien avant que la cuisine de rue ne fasse son entrée solennelle à Montréal. Tout a commencé dans «une vieille bine à huile» transformée en barbecue géant, puis en service de traiteur ambulant, puis en roulotte à charbon, avant de finalement aboutir en camion. Aujourd'hui, il y a deux véhicules sur la route et trois équipes en saison achalandée... Si la tendance se maintient, dans un an ou deux, on va les voir débarquer au volant d'un 22 roues!

PAS D'COCHON DANS MON SALON

DES

TONNES

DE

COCHON

PAS D'CHICANE
DANS MA
CABANE !
PAS D'COCHON
DANS MON
SALON !

SANDWICH PULLED PORK

LE VOICI, LE VOILÀ, LE FAMEUX PULLED PORK QUI FAIT COURIR LES FOULES! QUAND MÊME, FAUT LE FAIRE : CE SANDWICH ÉCOULE À LUI SEUL PLUS DE 12 TONNES DE PORC PAR ÉTÉ! DOUZE TONNES ! COMME DANS 12 000 KILOS, POUR 37 000 SANDWICHS. N'HÉSITEZ PAS À DONNER À VOTRE COCHON 6 À 8 HEURES DE *LOOOOVE*. VRAISEMBLABLEMENT, CETTE RECETTE EN VAUT LA PEINE.

| RENDEMENT | 8 PORTIONS | PRÉPARATION | 30 MIN | REPOS | 1h | CUISSON | 8h |

SAUCE BARBECUE

165 ml	(³/₄ tasse) de ketchup
3	c. à soupe de moutarde de Dijon
2	c. à café d'épices cajun du commerce
1	c. à café de poudre d'oignons
1	c. à café de cassonade
½	c. à café de poudre d'ail
2	c. à café de sauce Worcestershire
2	c. à café de mélasse
½	c. à café de sauce Tabasco

PULLED PORK

60 g	(¼ tasse) d'épices cajun du commerce *
1	c. à soupe de poudre d'ail
1	c. à soupe de poudre d'oignon
2	c. à soupe de sucre
1	c. à soupe de paprika
½	épaule de porc désossée (env. 700 g ou 1,5 lb)
250 ml	(1 tasse) de sauce barbecue
125 ml	(½ tasse) d'oignons marinés, coupés en 2
100 g	(1 tasse) de laitue ou de chou, en chiffonnade
8	pains ronds, style kaiser

→ **Préchauffer** le four à 150 °C (300 °F).

→ Pour la sauce barbecue, **mélanger** tous les ingrédients et **réserver**.

→ Dans un grand plat rectangulaire, **mélanger** toutes les épices et y **rouler** l'épaule en frottant vigoureusement pour que la viande s'imprègne bien des saveurs. **Déposer** l'animal au milieu d'un morceau de papier d'aluminium assez grand pour l'enrouler 3 fois. **Refermer** le plus hermétiquement possible, déposer dans un contenant allant au four et **enfourner** durant 6 à 8 h. On peut aussi **cuire** l'épaule emballée au barbecue à chaleur moyenne pour la même durée. **Retirer** du feu et **laisser reposer** au moins 1 h avant de **déballer** la viande.

→ **Effilocher** le porc à l'aide d'une pince ou d'une fourchette puis, dans un grand saladier, **mélanger** la sauce barbecue, le porc et les oignons marinés. **Ajouter** un peu de sauce si vous vous sentez fou !

→ Pour les sandwichs, **farcir** chaque pain d'une généreuse portion du mélange au porc, **ajouter** un peu de laitue ou de chou, **refermer** le pain et **servir** aussitôt.

Puisque la cuisson est très longue, vous pouvez préparer une grande quantité de mélange effiloché et le congeler dans des sacs refermables. Au moment de servir, plongez simplement le sac dans l'eau très chaude ou passez-le une petite minute au micro-ondes.

* Si vous n'en trouvez pas à l'épicerie, sachez que les épices cajun sont un mélange de paprika, de sel de céleri, d'ail, de piment de Cayenne, d'origan et de thym...

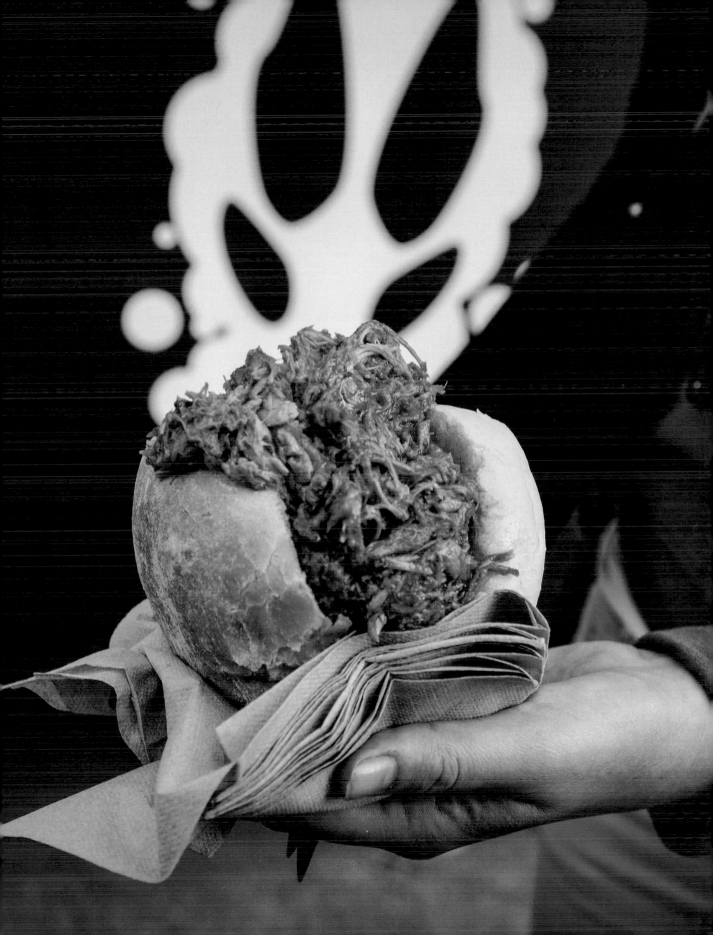

Il y a quelques années, le journal *La Presse* a organisé une vaste chasse aux croissants afin de dénicher le meilleur de Montréal. Des dizaines de boulangers se sont prêtés au jeu, proposant tour à tour au comité leur version de l'illustre viennoiserie, tantôt classique, tantôt excentrique, tantôt dense, tantôt craquante.

C'est la pâtisserie Fous Desserts de la rue Laurier qui a récolté les grands honneurs avec son prototype dodu et doré, parfaitement symétrique, au cœur moelleux comme un nuage, un goût de beurre et une croûte craquante qui fait virevolter des milliers de miettes feuilletées à chaque bouchée, avant de fondre sur la langue...

Aujourd'hui le croissant a fait des petits. Le Fous Truck, mené par la pâtissière et propriétaire **Ariann Langlois**, nous propose un assortiment de croissants nature ou à tremper dans un café, et de «croissandwichs» ambulants, sucrés et salés, toujours préparés avec des ingrédients d'une fraîcheur irréprochable.

LES
MEILLEURS
CROISSANTS
DE
MONTRÉAL

CROISSANDWICH MÉDITERRANÉEN

LES PÂTISSIERS SONT UNE ESPÈCE PARTICULIÈRE. DES OISEAUX DE NUIT QUI TRAVAILLENT SANS RELÂCHE AU FOND DE LEUR REPAIRE, RÉPÉTANT MILLE FOIS LES MÊMES GESTES... TOUT ÇA POUR ARRIVER CHAQUE MATIN AVEC UNE FOURNÉE BIEN FRAÎCHE, TOUTE CHAUDE, ET DONT L'ARÔME EMBAUME LE QUARTIER. FAISONS HONNEUR À LEURS EFFORTS NOCTURNES EN APPRÊTANT LEURS CROISSANTS AVEC UNE GARNITURE QUI SE RESPECTE !

RENDEMENT **4 PORTIONS**   PRÉPARATION **15 MIN**   REPOS **1h**   CUISSON **45 MIN**

RICOTTA MAISON

2L (8 tasses) de lait 3,25 %

500 g (2 tasses) de babeurre

Une pincée de sel

1 c. à soupe de crème 35 % *(si vous filez cochon, mettez-en donc le double!)*

TOMATES RÔTIES AU FOUR

8 tomates italiennes

Une pincée de sel

Une pincée de sucre

Quelques tours de poivre du moulin

Thym séché

Un trait d'huile d'olive extra vierge

POUR SERVIR

4 croissants, préférablement de chez *Fous Desserts*

Quelques feuilles de basilic

Quelques tours de poivre du moulin

→ Pour la ricotta maison, dans une casserole à feu moyen, **chauffer** le lait et le babeurre jusqu'à 85 °C (170 °F). **Retirer** du feu et **laisser reposer** 20 min, le temps qu'un « caillé » se forme à la surface. **Placer** dans un coton fromage et **laisser égoutter** 1 h. **Assaisonner** de sel et **ajouter** la crème jusqu'à l'obtention de la texture désirée *(plus vous mettez de la crème, plus ce sera moelleux)*. **Réserver** sans tout manger !

→ Pour les tomates rôties au four, **préchauffer** le four à 200 °C (400 °F). **Couper** les tomates en deux sur la longueur et **étaler** sur une plaque de cuisson, le côté coupé vers le haut. **Assaisonner** de sel, de poivre, de sucre et de thym, **verser** un généreux trait d'huile d'olive et bien **enrober** chacune des tomates. **Enfourner** 45 min à 1 h, jusqu'à ce que les tomates aient caramélisé un peu sur les côtés. **Réserver**.

→ Pour les croissandwichs, **couper** les croissants en deux sur la longueur, **garnir** de ricotta et de quelques tranches de tomates. **Terminer** avec quelques feuilles de basilic et d'un généreux tour de poivre.

Fous Desserts

PAR CHOCOLAT PÂTISSERIE

"LES MEILLEURS CRO

DE MONTRÉAL

LA PRESSE, JANVIER 20

Julie et Julien (eh oui! C'est ce qu'on appelle un couple qui *matche*), **Julie Poulin** et **Julien Messier-Cousineau** donc, sont entrés dans le monde de la cuisine de rue si rapidement qu'ils ont eu l'impression de passer directement sur l'autoroute.

Quand la rumeur d'un projet-pilote s'est transformée en réalité, les amoureux et associés ont sauté sur l'occasion en quatrième vitesse. En trois semaines, ils ont retroussé leurs manches, acheté leur camion, strippé l'intérieur, arrangé, pimpé, bidouillé, équipé et peinturé l'engin, trouvé un concept, élaboré un menu, signé des papiers, etc., etc., ET CETERA, pour pouvoir enfin présenter leur affaire à la Ville.

La bonne nouvelle, c'est que l'idée d'un camion-extension du restaurant Le Quai #4, avec un menu *surf'n'turf* qui s'amuse librement avec poissons, gibiers, viandes et crustacés, ça a plu au comité.

En quelques jours, ils ont eu leur permis... et nous, les *crab cakes*!

Surf n' turf

TOUT-TERRAIN

FISH'N' CHIPS

ET SAUCE TARTARE

UN GRAND CLASSIQUE DE LA CUISINE TRADITIONNELLE ANGLAISE, À LA DIFFÉRENCE QU'ICI, CONTRAIREMENT À LONDRES, ON PEUT SE L'ENFILER SUR UN BANC DE PARC... AU SOLEIL ! NA-NI-NA !

RENDEMENT		PRÉPARATION		CUISSON	
	6 PORTIONS		20 MIN		10 MIN

→ Pour la sauce tartare, **mélanger** tous les ingrédients et **réserver**.

→ Pour le fish'n'chips, **chauffer** la friteuse à 180 °C (350 °F). Dans un grand bol, **mélanger** tous les ingrédients liquides et les solides dans un autre bol. **Ajouter** les solides aux liquides et bien **mélanger**. **Plonger** les morceaux de morue dans la préparation et les **transférer** un à un dans la friteuse. **Frire** quelques morceaux à la fois, durant environ 3 min ou jusqu'à l'obtention d'une belle coloration dorée.

→ **Servir** avec la sauce tartare, et/ou des quartiers de citron, et/ou des frites, et/ou de la salade verte bien croquante, bref avec tout ce qui vous fera plaisir !

SAUCE TARTARE

120 g	(¼ tasse) de mayonnaise maison ou du commerce
2	c. à soupe de cornichons à l'aneth, hachés
2	c. à soupe de câpres, hachées
1	échalote française, hachée
	Le jus et le zeste d'un demi-citron
2	c. à soupe d'aneth frais, haché
	Sel et poivre, au goût

FISH'N'CHIPS

125 g	(1 tasse) de farine
250 g	(1 tasse) de chapelure panko
60 g	(½ tasse) de fécule de maïs
1	c. à café de poudre à pâte
250 ml	(1 tasse) de bière blonde
1	c. à soupe de bicarbonate de soude
6	pavés de morue, coupés en deux
250 ml	(1 tasse) de soda ou d'eau gazeuse

CRABCAKES CLASSIQUES

ET SAUCE MILLE-ÎLES

LES CRABCAKES SONT LES PETITS CHOUCHOUS DU QUAI ROULANT
– ET DE LEURS CLIENTS AUSSI, D'AILLEURS.
C'EST PEUT-ÊTRE LA CHAPELURE PANKO DANS LES CROQUETTES
QUI FAIT LA DIFFÉRENCE. OU ALORS LA SAUCE SECRÈTE...
QUI N'EST DÉSORMAIS PLUS SI SECRÈTE !

RENDEMENT 10 CRAB-CAKES   PRÉPARATION 20 MIN   CUISSON 2 h

SAUCE MILLE-ÎLES

300 ml	(1 tasse) de sauce tartare (voir la recette p.147)
6	c. à soupe de sauce chili thaï
3	c. à soupe de paprika fumé

CRABCAKES

300 g	(2 ½ tasses) de chair de crabe des neiges, frais ou congelé
300 g	(2 ½ tasses) de chair de crabe bleu, frais ou congelé
225 g	(1 tasse) de mayonnaise maison ou du commerce
1	c. à soupe de raifort
1	c. à soupe de Sambal Oelek
	Le jus et le zeste d'un citron
250 g	(1 tasse) de chapelure panko
1	c. à soupe de poudre d'ail
1	c. à soupe d'estragon, finement haché
1	c. à soupe de ciboulette, finement hachée
1	c. à soupe de persil, finement haché
	Sel et poivre, au goût
250 g	(2 tasses) de farine
5	œufs
750 g	(3 tasses) de chapelure panko

→ Pour la sauce, **mélanger** tous les ingrédients et **réserver**.

→ Pour les crabcakes, bien **égoutter** le crabe. **Mélanger** tous les ingrédients sauf la préparation à panure. **Rajouter** un peu de chapelure si la préparation est trop liquide – *faut que ça se tienne ces p'tites bêtes-là.* **Façonner** 10 croquettes moyennes, ou davantage si vous préférez les servir en format tapas.

→ **Paner** à l'anglaise : **enduire** d'abord de farine, puis **tremper** dans les œufs préalablement battus et enfin **enrober** gé-né-reu-se-ment de chapelure panko (*plus il y en a plus ça croustille !*). **Chauffer** la friteuse à 180 °C (350 °F) et **frire** les crabcakes jusqu'à ce que les croquettes prennent une belle couleur dorée. **Égoutter** sur du papier absorbant et **servir** pendant que c'est tout beau, tout chaud, accompagné de sauce Mille-Îles.

Candida Presta, la chef et propriétaire du Point sans g, vous l'assure : jamais un seul gramme de farine de blé régulière n'est entré dans son *truck*. Même à la cuisine de production, on désinfecte quotidiennement tous les équipements avant de lancer la préparation des plats du camion.

Le gluten est ici un ennemi !

On va se le dire, il y a un engouement monstre pour la cuisine sans gluten. À la manière du sort qui fut réservé aux gras trans et MSG, il se produit un phénomène de terreur populaire quand un nouvel ingrédient est étiqueté « gros méchant »...

Candida s'efforce de proposer un menu de *comfort food* inspiré de ses racines italiennes à tous ceux qui sont affectés par cette vilaine intolérance (on parle d'à peu près 10 % de la population), mais aussi à tous les autres gourmands qui voudraient démystifier cette cuisine qui n'est pas mauvaise du tout. Entre nous, sachez que TOUT LE MONDE peut manger des repas sans gluten, sans risque pour la santé !

MÉCHANT

GLUTEN

GNOCCHIS

DE POMMES DE TERRE ET RICOTTA, CRÈME DE GORGONZOLA

INSPIRÉE DE LA RECETTE ORIGINALE DE LA NONNA DE CANDIDA, CETTE VERSION DE GNOCCHI EST PEUT-ÊTRE LOIN DU CLASSIQUE ITALIEN, MAIS AVOUEZ QU'ON NE S'ENNUIE PAS : CES PETITS CHÉRIS SE MANGENT COMME DES CHIPS AU DIP !

RENDEMENT **4 à 6 PORTIONS**   PRÉPARATION **30 MIN**   CUISSON **10 MIN**   REPOS **FACULTATIF**

GNOCCHIS

4 à 5	pommes de terre moyennes
450 g	(1 lb) de fromage ricotta bien égoutté
2	œufs moyens
1	c. à café de noix de muscade
1	c. à soupe de sel
	Poivre au goût
50 g	(½ tasse) de fromage parmesan râpé
630 g	(4 ½ tasses) de farine tout usage sans gluten (la quantité peut varier un peu, vous verrez au moment de rouler vos pâtes...)

CRÈME DE GORGONZOLA

1	échalote française, émincée finement
1	c. à soupe d'huile d'olive
50 g	(½ tasse) de fromage Gorgonzola, émietté
60 ml	(¼ tasse) de vin blanc
250 ml	(1 tasse) de crème 35 %
	Sel et poivre, au goût

➜ Pour les gnocchis, dans un grand volume d'eau salée, **cuire** les pommes de terre, les **égoutter**, les **peler** et les **écraser**. **Ajouter** la ricotta, les œufs, la muscade et le parmesan. **Saler** et **poivrer** au goût et bien **mélanger**. **Incorporer** ensuite la farine jusqu'à l'obtention d'une consistance similaire à une pâte à tarte. *Faites ça vite ! On veut éviter que l'humidité des pommes de terre ne se développe.*

➜ **Façonner** ensuite de longs serpentins d'environ 2,5 cm (1 po) de diamètre et **couper** en tronçons d'environ 2,5 cm (1 po) de long. **Déposer** les gnocchis ainsi constitués sur une plaque farinée et réserver au réfrigérateur jusqu'à leur cuisson.

➜ Pour la crème de gorgonzola, **faire revenir** l'échalote dans l'huile d'olive à feu doux. **Ajouter** le fromage émietté et **déglacer** au vin blanc. **Incorporer** ensuite la crème et **porter** à ébullition en mélangeant vigoureusement. **Baisser** le feu et **laisser mijoter** jusqu'à l'obtention d'une consistance onctueuse. **Saler** et **poivrer**.

➜ Au moment de servir, **chauffer** l'huile de la friteuse à 190 °C (375 °F). **Frire** les gnocchis (quelques-uns à la fois) jusqu'à ce qu'ils soient bien dorés et croustillants. **Égoutter** sur du papier absorbant et **servir** avec la crème et une petite verdure.

le p

oint sans g

sans gluten

SLIM JIM SANS G

BIEN QU'ON EN FASSE AUJOURD'HUI DE TRÈS BONS, LES PAINS SANS GLUTEN ONT BIEN MAUVAISE RÉPUTATION. CETTE RECETTE, À LA FOIS DÉCADENTE ET RÉCONFORTANTE, NOUS PROUVE QUE CES MICHES SOUVENT BOUDÉES PEUVENT FAIRE SALIVER N'IMPORTE QUEL GOURMAND. AVEC UN GRAND G.

| RENDEMENT | 6 PORTIONS | PRÉPARATION | 20 MIN | CUISSON | 2h |

→ Pour le pain de viande de veau, **préchauffer** le four à 150 °C (300 °F). Dans une poêle, **faire revenir** les oignons et les champignons sans les colorer. **Ajouter** le thym et **assaisonner**. Dans un grand bol, **mélanger** la préparation aux oignons avec la viande. **Pétrir** allègrement. **Placer** dans un moule à pain légèrement graissé à l'huile ou au beurre et **enfourner** 1 h 30.

→ Pendant ce temps, dans une poêle, **caraméliser** les oignons en faisant **revenir** tous les ingrédients au moins 45 min. **Réserver**.

→ Une fois le pain de viande cuit, **couper** 6 belles tranches bien épaisses et les **faire rôtir** à la poêle à feu moyen, 2 min de chaque côté.

→ Pour le montage des sandwichs, **superposer** une tranche de pain de viande, une tranche de fromage et une bonne cuillerée d'oignons caramélisés entre deux tranches de pain. **Étaler** le beurre sur les deux faces extérieures du sandwich et **griller** dans une poêle chaude jusqu'à l'obtention d'une belle coloration. **Servir** avec des frites ou une belle salade verte.

PAIN DE VIANDE DE VEAU

450 g	(1 lb) de veau haché maigre
450 g	(1 lb) de champignons blancs, hachés
1	oignon, haché
1	c. à café de thym frais, haché
	Sel et poivre
2	c. à soupe d'huile d'olive

OIGNONS CARAMÉLISÉS

2	gros oignons espagnols, finement émincés
2	c. à soupe d'huile d'olive
2	c. à soupe de sucre blanc
2	c. à soupe de vinaigre de vin rouge

POUR SERVIR

	Pain tranché sans gluten de votre choix
2	c. à soupe de beurre
6	tranches de cheddar blanc

L'histoire du petit camion bleu de Larue & fils est fascinante. En fait, ce modèle Tube de Citroën a commencé ses jours en arborant un rouge flamboyant. Au milieu des années 1970, il sillonnait bruyamment les rues de France en tant qu'ambulance auxiliaire aux camions de pompiers. Pendant plus d'un quart de siècle, il a probablement sauvé des centaines de vies et contribué à tout plein d'épisodes d'archives qu'on imagine héroïques...

Puis, un jeune mécano-maniaque anglais a rapatrié l'engin de collection pour le restaurer entièrement et lui donner une seconde existence, sous des airs *vintage* chic.

C'est à ce moment que **Charles-Ugo Boucher** et **Sébastien Carelli** entrent en scène. Montréal ayant ouvert ses routes à la cuisine de rue, les associés, qui ont depuis quelques années pignon sur rue dans Villeray, épluchaient frénétiquement les petites annonces à la recherche du modèle parfait pour leur café ambulant. Bingo. *Big love.*

Pas mal de paperasse plus tard, de dédouanages et d'anxiété à l'idée de virer des tas de livres sterling à un inconnu perdu au nord de l'Angleterre, le rutilant petit camion, aujourd'hui d'un bleu *flash* à faire saliver les Grecs, roule fièrement et embellit à lui seul les rues de Montréal.

MON
camion,
C'EST
LE PLUS BEAU

CHEZ LARUE & FILS, ON SERT UN CAFÉ HYBRIDE, LE SEUL DE SON ESPÈCE EN VILLE...

IL PERFETTO CORTADO

LE CORTADO EST UN PARFAIT COMPROMIS ENTRE L'ESPRESSO COURT, QUI PEUT VOUS POMPER À LA CAFÉINE, ET LE LATTE, QUI PEUT VOUS BALLONNER AU LACTOSE. POUR AVOIR L'AIR CONNAISSEUR, POINTEZ-VOUS DANS UN CAFÉ ET COMMANDEZ D'UN AIR DÉSINTÉRESSÉ : « GARÇON ! UN GIBRALTAR ! » C'EST LE SURNOM QU'ON A DONNÉ À CE CAFÉ SPÉCIALISÉ, À CAUSE DU MODÈLE DE VERRE DANS LEQUEL IL EST SERVI.

45 ml (1,5 oz) de café espresso Larue

3 c. à soupe de lait moussé à latte (*Le Larue & Fils utilise du lait 3,25 %. Plus c'est gras, plus on aime ça !*)

→ Pour confectionner le parfait cortado, affairez-vous d'abord à **couler** un double ristretto, qui est l'équivalent d'un ³/₄ d'espresso en quantité de liquide, et un double en quantité de café. Puisqu'il coule plus rapidement, vous obtiendrez un café à la fois moins amer et à teneur moins élevée en caféine.

→ Pendant que coule le café, il est temps de **préparer** votre lait. On veut un lait pas trop chaud puisqu'il est destiné à être bu dès que coulé (donc dans pas longtemps). **Faire mousser** le lait dans un contenant en métal, avec une buse propre, jusqu'à ce qu'il produise de belles microbulles. **Réserver**.

→ **Verser** le lait moussé dans le verre en vous amusant à faire de jolis motifs de latte art. **Siroter** en après-midi à petites gorgées en assumant complètement votre petit côté bobo-chic.

CHEZ LARUE & FILS, ON SERT UN CAFÉ
HYBRIDE, LE SEUL DE SON ESPÈCE EN VILLE...
ON A MIS DU TEMPS À METTRE AU POINT UN
MÉLANGE QUI AURAIT UNE SAVEUR ITALIENNE ;
CELUI-CI, TORRÉFIÉ À MONTRÉAL, EST RÉCOLTÉ,
MOULU ET PRÉPARÉ SELON LES RÈGLES DE
L'ART. TYPIQUE DES CAFÉS TROISIÈME VAGUE.

ESPRESSO 2 25
CAPPUCCINO 3 25
CORTADO 4 00
LATTE 3 50
MACCHIATO 2 50

EXTRA   BISCUIT 3 50
FILTRE   SOYA   25¢
8oz 2 50   DECAFEINE   25¢
12oz 3 50   DOUBLE SHOT 1¢

CAFÉ *Larue* & FILS

PAIN AUX BANANES

UN GRAND CLASSIQUE DES CAFÉS MONTRÉALAIS, LE PAIN AUX BANANES EST D'HABITUDE ÉTALÉ PRÈS DES CAISSES, TRANCHÉ EN SÉRIE, EMBALLÉ SANS AMOUR, ET IL ESPÈRE TRISTEMENT QU'UN CLIENT VOUDRA BIEN LE CHOISIR, COMME UN PETIT ORPHELIN QUI CONVOITE UNE FAMILLE... RIEN À VOIR AVEC LA VERSION PROPOSÉE ICI !

PRÉPARATION 15 MIN   CUISSON 70 MIN

→ **Préchauffer** le four à 180 °C (350 °F).

→ Dans un grand bol, **tamiser** tous les ingrédients secs et y **verser** les ingrédients liquides mélangés préalablement dans un autre bol. **Incorporer** délicatement en évitant de trop remuer (*le café Larue conseille même de «pas mélanger ben ben...»*).

→ **Verser** la préparation dans un moule à pain beurré et fariné et **enfourner** environ 70 min ou jusqu'à ce que ce soit cuit. *Il y a toujours le bon vieux truc de grand-mère : piquez un cure-dent au centre du pain et s'il ressort propre, c'est parce que c'est prêt !*

280 g	(2 tasses) de farine
100 g	(¹/₂ tasse) de sucre
1	c. à soupe de poudre à pâte
¹/₂	c. à café de bicarbonate de soude
¹/₂	c. à café de sel
125 g	(²/₃ tasse) de chocolat noir 70 %, en pastilles
1	œuf
185 ml	(³/₄ tasse) de lait
60 ml	(¹/₄ tasse) d'huile végétale (*chez Larue, on utilise aussi du beurre fondu*)
3 à 4	bananes méga-super mûres
	Un peu de beurre et de farine pour le moule à pain

Le raton laveur est un mammifère omnivore qui doit son nom à son habitude de tremper ses aliments dans l'eau avant de les consommer. Opportuniste et facile à apprivoiser, il se plaît dans un vaste répertoire de climats, mais préfère de loin les centres urbains. À Montréal, il sort son pelage poivre et sel au printemps et se promène aux quatre coins de la ville durant l'été, se nourrissant à même la rue.

Hugo B. Lamarre et **Julien Charmillot** se sont inspirés de cette adorable bestiole, citadine et désinvolte, pour confectionner une cuisine qui honore à la fois les traditions québécoises et leur propre amour du voyage.

Quand ils ont commencé à penser au menu, Julien était en Nouvelle-Zélande, et comme là-bas il y a beaucoup de *pies*, tartes à la viande et petits pâtés fourrés de toutes sortes, le métissage s'est fait tout naturellement.

«Variations internationales sur fond de pâte à tarte»: c'est à peu près le voyage pour lequel vous vous embarquez.

RATONS
VOYAGEURS

POP-TARTS AUX TOMATES

LES BRIGANDS N'HÉSITENT PAS À REVISITER LA POP-TART CHIMIQUE ORIGINALE POUR VOUS PRÉSENTER CETTE VERSION BIEN PLUS SAVOUREUSE, QUI UTILISE LES TOMATES DE SAISON COMME DE FABULEUX FRUITS ROUGES, BIEN JUTEUX ET PLEINS DE SOLEIL!

RENDEMENT 4 POP-TARTS   PRÉPARATION 15 MIN   CUISSON 1h15

1 paquet de pâte feuilletée

CRÈME DE CHÈVRE ET DIJON

200 g de fromage de chèvre *(Les Brigands utilisent le Chèvre des Neiges)*

1 c. à soupe de moutarde de Dijon

Sel et poivre, au goût

TOMATES CONFITES

6 tomates *(italiennes San Marzano, c'est les meilleures!)*

2 gousses d'ail, finement hachées

1 c. à café de thym frais, haché

Quelques feuilles de romarin frais, hachées

Un généreux filet d'huile d'olive

OIGNONS CARAMÉLISÉS

2 gros oignons

2 c. à soupe d'huile d'olive

200 ml de vin blanc

Sel et poivre, au goût

POUR SERVIR

1 jaune d'œuf

Une pincée de fleur de sel

→ Pour la pâte feuilletée, **préchauffer** votre four à 210 °C (420 °F). **Étaler** la pâte sur un plan de travail fariné et **couper** en 4 rectangles de la dimension d'une carte postale (10 x 15 cm ou 4 x 6 po). **Tapisser** une plaque à biscuits de papier parchemin en laissant dépasser 2,5 cm (1 po) de chaque côté et y déposer les rectangles de pâte. **Piquer** les rectangles avec une fourchette. **Recouvrir** d'une autre feuille de papier parchemin, puis d'une autre plaque à biscuits et **enfourner** votre sandwich à la pâte feuilletée durant 20 min.

→ Pour la crème de chèvre et Dijon, dans un petit cul-de-poule, **mélanger** tous les ingrédients et **réserver** à température ambiante afin qu'elle soit plus facile à étaler.

→ Pour les tomates confites, **réduire** la température du four à 150 °C (300 °F). **Laver** et **couper** les tomates en belles tranches pas trop minces, pas trop épaisses *(you know...)*. Dans un bol à mélanger, **disposer** tous les ingrédients et **touiller** allègrement jusqu'à ce que toutes les tranches de tomates soient bien imbibées. **Aligner** les tomates côte à côte sur une plaque à biscuits, **verser** le liquide restant au fond du bol à mélanger et **enfourner** durant une bonne trentaine de minutes.

→ Pour les oignons caramélisés, dans une poêle, **chauffer** l'huile d'olive et y **cuire** les oignons. **Assaisonner** généreusement de sel et de poivre, puis **laisser suer** jusqu'à ce que les oignons deviennent tendres et translucides. **Déglacer** avec le vin blanc et **poursuivre** la cuisson encore quelques minutes, le temps que ça compote un peu.

→ Pour le montage des pop-tarts, **augmenter** la température du four à 250 °C (475 °F). Sur chaque rectangle de pâte feuilletée, **tartiner** le quart de la crème de chèvre et Dijon, **ajouter** une belle cuillerée d'oignons caramélisés, puis **recouvrir** de tranches de tomates confites. À l'aide d'un pinceau, **badigeonner** les rebords de jaune d'œuf et **enfourner** 5 min.

Au sortir du four, **saupoudrer** les tomates d'une bonne pincée de fleur de sel et **servir** aussitôt, accompagné d'une bonne salade de roquette, toute simple, qui laissera la pop-tart être la véritable star de votre assiette.

POP tart SALEE

chèvre - dijon
oignons caramélisés
tomates confites

DIP 'N' CHIPS

dip d'aubergines
chips de pita

CHAU -SON

CHAUSSON POMMES

KEFt'art

Boeuf style Kefta dans pâte filo
& dip tzatziki

Chocolat

tartelette CHOCO-CARDAMOM
& crème fouettée à la lime

BRIGANDA

pizza calzone

* champi,
* coeur d'artichoud
* mozza
* fromage en grain rapé

TARTELETTES CHOCOLOCO

UNE TARTELETTE LIBREMENT INSPIRÉE DES *KEY LIME PIES* DU SUD DES ÉTATS-UNIS, QU'ON A AGRÉMENTÉE DE SAVEURS DE CARDAMOME ET DE CHOCOLAT, POUR TERMINER LE REPAS EN BEAUTÉ !

RENDEMENT		PRÉPARATION		CUISSON		REPOS	
	4 TARTELETTES		15 MIN		35 MIN		1h

→ **Préchauffer** le four à 150 °C (300 °F).

→ Pour la pâte sablée, au robot, **mixer** la farine, le cacao, le sel, le beurre et le sucre. **Ajouter** l'œuf et **poursuivre l'opération**, jusqu'à l'obtention d'une texture uniforme, mais granuleuse. **Rassembler** rapidement la pâte en boule, **emballer** dans une pellicule plastique et **réfrigérer** au moins une heure.

→ Pour **façonner** les tartes, **écraser** la pâte sablée du bout des doigts dans le fond de 4 moules à tarte d'environ 10 cm (4 po) de diamètre. **Cuire** au four 12 min et réserver.

→ Pour la crème choco-cardamome, **broyer** la cardamome au mortier ou au moulin à épices pour obtenir une poudre fine. Au bain-marie (un cul-de-poule placé sur une petite casserole d'eau bouillante), **faire fondre** le chocolat en morceaux, puis **ajouter** la crème et la poudre de cardamome. **Mélanger** jusqu'à l'obtention d'une consistance homogène. **Retirer** du feu, puis **ajouter** les œufs et bien **incorporer**.

→ **Verser** la crème choco-cardamome dans les fonds de tarte et **enfourner** durant 20 min avant de **laisser refroidir** à température ambiante.

→ Pour la crème fouettée, **rincer** et **zester** la lime. **Ciseler** une moitié du zeste et en **conserver** l'autre pour la déco. Au robot culinaire ou au batteur électrique, **fouetter** la crème jusqu'à l'obtention de pics mous. **Ajouter** le sucre, le jus et le zeste de lime et **continuer à fouetter** quelques secondes. Soyez ferme avec votre crème, on veut que ça se tienne !

→ Au moment de servir, **garnir** le dessus de vos tartelettes d'une belle couche de crème fouettée, et **saupoudrer** des zestes de lime réservés. **Distribuer** joyeusement et **manger** goulûment !

PÂTE SABLÉE CHOCOLATÉE

150 g	(1 ¹⁄₃ tasse) de farine
4	c. à soupe de cacao amer en poudre
	Une pincée de sel
115 g	(¹⁄₂ tasse) de beurre non salé, ramolli et en dés
3	c. à soupe de sucre
1	œuf

CRÈME CHOCO-CARDAMOME

2	c. à soupe de cardamome (*ouvrez les gousses et récupérez les graines qu'il y a à l'intérieur*)
350 g	(2 tasses) de chocolat noir, en morceaux
3	c. à soupe de crème 35 %
2	œufs

CRÈME FOUETTÉE À LA LIME

300 ml	(1 ¹⁄₃ tasse) de crème 35 %
	Le jus d'une demi-lime
	Le zeste d'une lime
4	c. à soupe de sucre glace (ou un peu plus, si vous avez la dent sucrée)

Bien qu'elle soit seule aux commandes de son entreprise, **Zoe Dakalas** fait partie d'une *big fat Greek family* dont les membres l'aident à confectionner ses centaines de vignes farcies et autres délices en série. On imagine la scène, avec les matantes qui papotent en assaisonnant les mélanges pendant que les petits cousins jouent à cache-cache entre les tables pleines de bouffe.

Les grandes familles, ça te transmet l'amour de la célébration, et la célébration passe bien souvent par la nourriture.

Zoe propose un menu d'influences. Un côté traditionnel inspiré de ses racines grecques, un côté coloré à l'image de Montréal. Et toujours un côté accueillant et généreux, dans l'esprit de l'abondance et des festivités, comme si en mangeant ici on faisait un peu partie de cette grande famille bourdonnante et surexcitée.

CHEVEUX

ROUGES

ET CAMION

JAUNE

SANDWICH HALLOUMI GRILLÉ

L'HALLOUMI EST UN FROMAGE FABULEUX. BIEN SALÉ, BIEN RELEVÉ, BIEN FERME, IL TOLÈRE MERVEILLEUSEMENT LA GRILLADE AU BARBECUE – CE DOIT ÊTRE SES ORIGINES GRECQUES, IL A L'HABITUDE DE SE FAIRE DORER SOUS LE CHAUD SOLEIL DE LA MÉDITERRANÉE...

RENDEMENT 4 PORTIONS   PRÉPARATION 5 MIN   CUISSON 10 MIN

MARMELADE MAISON

150 g	(1 tasses) d'abricots frais, coupés en deux et dénoyautés
300 g	(2 tasse) de figues noires séchées
70 g	(½ tasse) de raisins secs *(Zoe utilise des raisins de Corinthe)*
60 ml	(¼ tasse) de miel de bonne qualité
3	c. à soupe de vinaigre balsamique
60 ml	(¼ tasse) de jus de citron
	Le zeste d'une orange
1	c. à soupe de sumac
3	c. à soupe d'huile d'olive
30 g	(½ tasse) de persil frais, haché
1	pincée de sel

SANDWICHES

8	bonnes grosses tranches de fromage Halloumi
4	pains ronds, style kaiser
	Feuilles de laitues mélangées

→ Pour la marmelade maison, dans une petite casserole, **mélanger** tous les ingrédients sauf l'huile, le persil et le sel. **Porter** à ébullition, puis **laisser compoter** à feu doux environ 10 min. **Ajouter** le reste des ingrédients et **réserver**.

→ **Griller** le fromage sur une plaque à cuisson ou au BBQ jusqu'à ce qu'il soit chaud et croustillant.

→ Pour **assembler** les sandwichs, **réchauffer** les pains au four ou au BBQ, puis les **farcir** de 2 tranches de fromage et d'une (très) généreuse portion de marmelade maison. *Faut que ça coule!!!* **Garnir** de quelques feuilles de laitues, question de mettre un peu de vert dans l'équation, **refermer** le sandwich et **servir** aussitôt.

FEUILLES DE VIGNE

1	oignon, haché
1	c. à soupe + 60 ml (¹/₄ tasse) d'huile d'olive
100 g	(¹/₂ tasse) de riz cuit
¹/₂	tomate fraîche, en cubes
180 ml	(³/₄ tasse) de bouillon de légumes
	Jus de citron, au goût
30 g	(¹/₂ tasse) d'aneth frais, haché
30 g	(¹/₂ tasse) de persil frais, haché
12	feuilles de vigne (*si possible, cueillies par tante Stavroula... Mais bon, on comprend si vous finissez à l'épicerie...*)

PÂTE À TEMPURA

70 g	(¹/₂ tasse) de farine
2	c. à soupe d'amidon de marante
180 ml	(³/₄ tasse) d'eau pétillante
	Glaçons

TZATZIKI MAISON

900 g	(32 oz) de yogourt balkanique artisanal
95 g	(¹/₄ tasse) de fleur d'ail du Québec
185 ml	(³/₄ tasse) de crème sure
1	c. à café d'huile d'olive
¹/₂	c. à café de vinaigre de vin blanc
1	c. à soupe de miel
	Le zeste de 1 citron
	Une pincée de piment de Cayenne
	Quelques brins de ciboulette de persil frais, hachés
	Sel de mer, au goût
1	citron en quartiers

FEUILLES DE VIGNE TEMPURA

VOICI UN EXEMPLE CLASSIQUE DE LA CUISINE DE ZOE, À LA FOIS GRECQUE, FUSION, FAMILIALE ET TOTAL MONTRÉAL, AVEC EN PRIME UN AUTHENTIQUE TZATZIKI MAISON.

RENDEMENT **12** (FEUILLES DE VIGNE) PRÉPARATION **1h** REPOS **2h** CUISSON **2h** + 5 MIN

→ Pour la farce des feuilles de vigne, dans une grande poêle, **cuire** doucement les oignons dans l'huile d'olive et les **laisser caraméliser** une dizaine de minutes. **Ajouter** tout le reste des ingrédients et bien **mélanger**. **Cuire** quelques minutes.

→ Pour farcir les feuilles de vigne, **étaler** une feuille et y **déposer** 1 bonne cuillerée à table de farce. **Enrouler** en repliant les 2 côtés vers l'intérieur de façon à former un petit cigare. **Corder** vos petits dans une poêle profonde et **cuire** à feu doux 2h. **Laisser refroidir** au réfrigérateur.

→ Pendant ce temps, **préparer** le tzatziki maison. **Mélanger** tous les ingrédients et **réserver**.

→ Au moment de servir, **mélanger** tous les ingrédients de la pâte à tempura, que vous laisserez reposer 15 min au réfrigérateur avant utilisation. Y **tremper** ensuite généreusement chaque feuille de vigne. **Transférer** immédiatement dans la friteuse réglée à 190 °C (375 °F). **Frire** quelques minutes, jusqu'à l'obtention d'une belle coloration dorée. **Égoutter** sur du papier absorbant.

→ **Servir** avec des quartiers de citron et une généreuse portion de tzatziki maison.

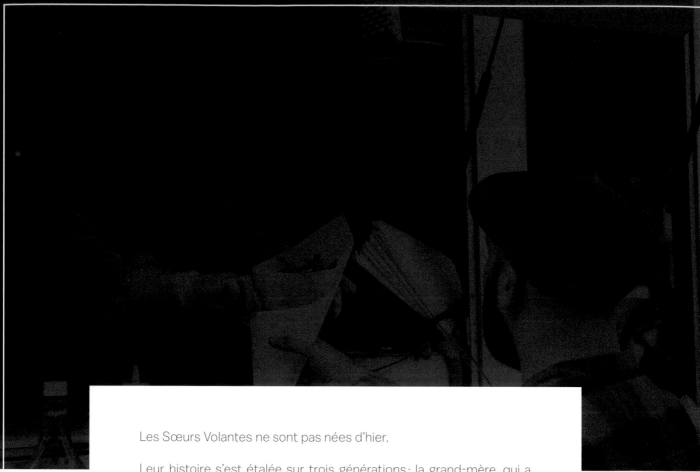

Les Sœurs Volantes ne sont pas nées d'hier.

Leur histoire s'est étalée sur trois générations : la grand-mère, qui a cuisiné durant toute sa vie, a inspiré la mère à lancer son petit traiteur de plats d'antan, avant que la petite dernière, **Julie Gilbert**, ne foule le bitume de Montréal.

Au fil des ans, les préparations de *La cuisine raisonnée*, le plus classique des livres de recettes québécois, se sont métissées d'ingrédients modernes. On cuisine toujours des ragoûts, pâtés et gâteaux aux carottes issus du terroir, mais on y ajoute des farines bio, du kale, du quinoa, et d'autres nouveaux venus des décennies d'aujourd'hui.

Une cuisine toujours santé, savoureuse et réconfortante qui titille nos racines québécoises tissées serrées.

CUISINE
D'ANTAN
AU
GOÛT DU JOUR

SALADE PASSE-PARTOUT

UNE BELLE INVENTION, CES SALADES EN TORTILLES. LE FAIT DE SERVIR CETTE POIGNÉE DE SANTÉ DANS UN PAIN EST NON SEULEMENT UNE DÉLICIEUSE ALTERNATIVE AUX AUTRES SANDWICHS ROULÉS, GRAS ET SALÉS, MAIS EN PLUS, ELLE VOUS PERMET DE LIMITER VOTRE UTILISATION DE CONTENANTS DE PLASTIQUE ET D'ÉVITER D'AVOIR À VERSER GAUCHEMENT VOTRE VINAIGRETTE ENTRE DEUX CRAQUES DE TROTTOIR.

RENDEMENT 4 à 6 PORTIONS

PRÉPARATION 15 MIN

CUISSON 20 MIN

LÉGUMES RÔTIS AU FOUR

1	poivron rouge
1	aubergine
2	courgettes
1	oignon rouge
60 ml	(¼ tasse) d'huile d'olive
1	c. à soupe de fleur d'ail fraîche hachée ou dans l'huile
	Un filet de vinaigre balsamique
	Sel et poivre, au goût

VINAIGRETTE

2	c. à soupe de vinaigre balsamique
2	c. à soupe de sauce tamari sans blé
2	c. à soupe de sirop d'érable
375 ml	(1 ½ tasse) d'huile d'olive ou d'huile de canola
1	gousse d'ail, hachée finement

SALADE

120 g	(2 tasses) d'épinards ou de bébé kale*
120 g	(2 tasses) de laitues mélangées
180 g	(1 tasse) de quinoa noir, cuit
130 g	(1 tasse) de cheddar doux
90 g	(½ tasse) de graines de tournesol rôties au four ou à la poêle
4	tortillas (ou un autre pain plat de votre choix. Les Sœurs Volantes affectionnent particulièrement les pains de grains germés « Food For Life ».)

→ Pour les légumes rôtis, **préchauffer** le four à 200 °C (400 °F). **Couper** tous les légumes en cubes ou en quartiers. Dans un grand bol, **mettre** tous les ingrédients et bien **mélanger**. **Étendre** sur une plaque à biscuits et **enfourner** une vingtaine de minutes ou jusqu'à ce que les légumes soient cuits mais croquants. **Sortir** du four et **laisser refroidir**.

→ Pour la vinaigrette, **fouetter** tous les ingrédients et **réserver**.

→ Au moment de servir, **mélanger** les verdures et **ajouter** le quinoa, les légumes rôtis, le cheddar, les graines de tournesol et la vinaigrette. **Enrouler** dans une tortilla et **placer** dans un cône de papier pour que *ça se tienne*. **Manger** en gambadant.

le bébé kale : un coup de foudre des Sœurs Volantes puisque c'est moins amer et surtout moins coriace que le régulier.

MENU

ASSIETTE de BOULETTES

Tous nos plats de boulettes sont servis avec de grosses frites douces cuites au four et salade.

Les TAO 10$
(tofu et sésame servis dans une sauce de gingembre et d'échalottes) - sans gluten -

Les B.B.Q. 10$
(porc bio servis en sauce douce de tomates et pomme.)

La GRÂNDOLA 12$
(boeuf, chorizo, mozza servi avec une mayo à l'ail) - sans gluten -

---

Accompagnez votre choix de BOULETTES ou SALADES

DUO +3$
(soupe ou dessert)

TRIO +5$
(soupe ou dessert et breuvage)

JUS DE FRUITS 3$
(pomme, poire et cardamonne)

LIMONADE 3$
(citron & Framboise)

SALADE en TORTILLE
Salade repas servie dans un tortillas.

La JEANNE MANCE 8$
(lardons, cheddar fort, tomates et pousses de tournesol)

La PASSE-PARTOUT 9$
(Aubergines, quinoa, cheddar, graines de tournesol et balsamique)

La ALBERTINE 10$
(Porc effiloché, betteraves et oignons caramélisés)

La RISTIGOUCHE 12$
(truite fumée, oignons caramélisés, chanvres grillées et salicorne)

GÂTEAU aux CAROTTES
4$

POUDING CHÔMEUR
3,5$

POUDING CHÔMEUR

DRÔLE DE NOM, LE POUDING CHÔMEUR, QUAND ON SAIT QU'AU FIL DE SON
HISTOIRE, IL A PROBABLEMENT ÉTÉ PRÉPARÉ LE PLUS SOUVENT PAR UNE
FEMME DE FERMIER *OVERLOADÉE* DE BRASSÉES DE LAVAGE ET DE BÉBÉS
À ALLAITER... QUOI QU'IL EN SOIT, CETTE VERSION ULTRA TRADITIONNELLE,
DÉLICIEUSE, FERAIT OUBLIER À N'IMPORTE QUELLE MÉNAGÈRE QU'ELLE N'A
JAMAIS GOÛTÉ À L'OISIVETÉ.

RENDEMENT 6 à 8 PORTIONS   PRÉPARATION 15 MIN   CUISSON 40 MIN

→ **Préchauffer** le four à 200 °C (400 °F).

→ Dans un grand bol, **mélanger** les ingrédients de l'étape 1. Répéter l'opération pour
les ingrédients secs de l'étape 2. **Verser** l'étape 2 dans le bol de l'étape 1 en alter-
nant avec le lait. Dans un troisième bol, **mélanger** la farine avec la cassonnade puis
intégrer les ingrédients liquides. **Verser** la pâte obtenue du mélange des étapes 1 et
2 dans un plat d'environ 23 cm x 23 cm (9 po x 9 po) et napper du dernier mélange.

→ **Enfourner** durant 30 à 40 min où jusqu'à ce qu'un cure-dent inséré au centre de
la pâte en ressorte propre. *Simple de même: dans le temps, dites-vous que mémère
avait ben d'autres choses à faire!*

→ À **déguster** seul ou avec une grande amie de la famille : la crème glacée.

ÉTAPE 1

115 g	(¹/₂ tasse) de margarine ou de beurre
210 g	(1 tasse) de sucre
	quelques gouttes de vanille
2	œufs

ÉTAPE 2

300 ml	(1 ¹/₃ tasse) de lait
280 g	(2 tasses) de farine
1	c. à soupe de poudre à pâte
¹/₂	c. à café de sel

ÉTAPE 3

125 ml	¹/₂ tasse de sirop d'érable
400 g	(2 tasses) de cassonnade
625 ml	(2 ¹/₂ tasses) d'eau
1	c. à café de farine
3	c. à soupe de beurre

On ne pourra pas reprocher à **Chaim Shoham** de manquer de vision. Des années avant l'arrivée de la cuisine de rue, des années même avant la mode des aliments super-héros – quinoa, kale et autres vedettes de l'assiette de l'homme moderne –, bref, avant tout le monde, ses restaurants La Panthère Verte rassasiaient déjà (à bicyclette) une clientèle avide de « bon manger santé ».

Aujourd'hui à la tête d'un petit empire du règne végétal, Chaim offre son menu vert dans trois restaurants, en service traiteur, en commande à bicyclette – un service hybride entre le traiteur ambulant et le courtier à vélo gourmand – et, depuis peu, en mode camion-cuisine.

On y mange quoi ? Du bio, du local, du végétal.

Aucun produit animal n'est proposé, et on est loin de s'en ennuyer ! Tempeh indonésien, tahini à saveur asiatique, célèbres falafels, boulettes kebab et protéines végétales, les repas de la Panthère sont souvent plus nourrissants que chez la concurrence omnivore et, surtout, toujours aussi réjouissants.

BONNE BOUFFE

POUR LA

JUNGLE

URBAINE

SALADE TEMPEHTATION

HMMM... COMMENT DÉCRIRE LE TEMPEH À CEUX QUI N'ONT JAMAIS FAIT SA CONNAISSANCE ? ORIGINAIRE D'INDONÉSIE, CET ALIMENT RESSEMBLE UN PEU À UNE BARRE GRANOLA FAITE DE TOFU, DE GRAINES ET D'AUTRES INGRÉDIENTS PERFORMANTS. EN QUELQUES BOUCHÉES, UN REPAS COMPLET, ÉQUILIBRÉ, SAVOUREUX, NOURRISSANT, *NAME IT* : LE TEMPEH EN A DEDANS !

RENDEMENT **4 PORTIONS**   PRÉPARATION **10 MIN**   CUISSON **10 MIN**

VINAIGRETTE

80 ml	(1/3 tasse) de vinaigre de cidre de pommes
1	c. à soupe de sirop d'érable
2	gousses d'ail, écrasées
1	c. à soupe de moutarde de Dijon
	Une pincée de flocons de chili
	Sel et poivre, au goût
165 ml	(2/3 tasse) d'huile d'olive

SALADE

1	bloc de Tempeh de 240 g, en lanières *
	Huile de tournesol, pour la cuisson
	Une pincée de paprika
	Sel et poivre, au goût
1	poivron rouge, en lanières
2	petites courgettes, en lanières
1	botte de chou kale

→ Pour la vinaigrette, dans un robot culinaire ou dans le récipient d'un bras mélangeur, **mélanger** tous les ingrédients sauf l'huile d'olive. **Ajouter** l'huile en filet, petit à petit, pour bien émulsionner le tout. **Réserver** au frais.

→ Pour la salade, dans une grande poêle, **chauffer** l'huile de tournesol et y **faire revenir** le Tempeh quelques minutes. **Assaisonner** avec le paprika, le sel et le poivre. Une fois le Tempeh bien doré de tous les côtés, **ajouter** les légumes et **remuer**. Attention de ne pas trop les cuire : on les veut *al dente* !

→ Au moment de servir, **placer** au fond des assiettes une généreuse portion de chou Kale, **disposer** joliment les légumes et le Tempeh, puis **arroser** de la vinaigrette avant de **servir** et de **savourer**. Santé !

* On trouve du tempeh dans les magasins d'aliments naturels et dans les sections bio des grandes surfaces.

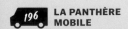

DE VÉRITABLES PETITES BOMBES DE PROTÉINES ET DE VITAMINES !
RASSEMBLEZ FAMILLE ET AMIS, DOUBLEZ OU TRIPLEZ LA RECETTE
ET FAÇONNEZ CES BOULES FESTIVES QUE VOUS POURREZ CONGELER.
ELLES SE MANGENT ENSUITE CHAUDES OU FROIDES, EN SALADE,
EN PITA, AU FOUR, EN FRITURE, AVEC OU SANS GARNITURE. CE SONT
DES BOULES MAGIQUES !

RENDEMENT		PRÉPARATION		CUISSON	
	4 à 6 PORTIONS		15 MIN		10 MIN

Préchauffer le four à 180 °C (350 °F).

Hydrater la protéine de soya en la plaçant dans un bol d'eau une dizaine de minutes. Bien **égoutter** et **réserver**.

Dans un robot culinaire, **placer** tous les ingrédients sauf la protéine et la farine de sarrasin et **mixer** jusqu'à l'obtention d'une texture homogène. **Transférer** la préparation dans un grand bol et **ajouter** la protéine et la farine. **Humecter** vos mains avec un peu d'huile de tournesol et **façonner** de belles boulettes bien dodues. **Placer** en diagonale sur une plaque à cuisson pour éviter qu'elles ne se touchent. **Enfourner** durant une dizaine de minutes, **retourner**, et **poursuivre** la cuisson environ 7 min ou jusqu'à ce qu'elles soient cuites à cœur. Faudra sacrifier une boule pour y goûter, mais vous ne vous en plaindrez pas!

Servir selon votre inspiration!

125 g	(1 tasse) de protéine de soya (PVT)
125 g	(1 tasse) de farine de sarrasin
450 g	(1 lb) de tofu ferme
2	oignons
60 g	(¼ tasse) de noix de coco rôtie
	Une pincée de sel
3	gousses d'ail
100 g	(¾ tasse) de Garam Masala
⅛	c. à café de muscade moulue
½.	c. à café de curcuma
⅛	c. à café de cannelle
	Huile de tournesol, pour façonner les boulettes

L'Assommoir Mobile est très certainement le plus luxueux de tous les restos roulants de Montréal.

Le moins qu'on puisse dire, c'est qu'**Emmanuel Lopes**, **Victor Charlebois**, **Louis-Pierre Charest** et **Jean-François Paquin**, les quatre proprios des restaurants du même nom, ont vu grand, et gros. La preuve, ils n'ont pas acheté un camion, mais un autobus!

Même les restaurateurs les plus sophistiqués bavent d'envie en contemplant son intérieur : double friteuse, méga-gril, poêle de luxe, frigo de fou, mini-bar et une colonie de bombonnes de gaz pour alimenter tout ça. Il y a même un four à pizza, installé pour les «si un jour» et les «au cas où»! Et il n'y a même pas de pizza au menu!

À défaut de pizzas, l'Assommoir Mobile sert de délicieux cévichés, des tartares de viande et de poisson frais et, évidemment, des cocktails de toutes sortes et de toutes les couleurs – sur la route, ils sont sans alcool – qui ont fait la renommée des resto-bars des rues Bernard et Notre-Dame.

L'ASSOMMOIR MOBILE

LE
GRAND

CÉVICHÉ MIXTE

CETTE VERSION DE CÉVICHÉ, LIBREMENT INSPIRÉE DE
CLASSIQUES DU PÉROU OU DU MEXIQUE, INTÈGRE AUSSI
DES INFLUENCES EUROPÉENNES, AVEC SES CROÛTONS
ET SES NOIX DE PIN. SERVI EN PLEIN CŒUR DE MONTRÉAL,
LA BOUCLE EST BOUCLÉE. UN TOUR DU MONDE AU COIN
DE LA RUE.

RENDEMENT 4-6 PORTIONS   PRÉPARATION 20 MIN   CUISSON 15 MIN

8	crevettes de calibre 13-15
	Épices au goût (thym, feuilles de laurier, clous de girofle, sel, poivre, etc.)
20	pétoncles de calibre 60-80, coupées en petits cubes
120 g	(1 pavé) de saumon cru
16	tomates cerises
2	c. à soupe de coriandre fraîche
4	c. à café d'huile d'olive
4	c. à soupe de jus de lime
80 g	(1 tasse) de noix de pin
4	c. à café de vinaigre de riz
	Sel et poivre, au goût
8 à 16	croûtons de pain (ou la garniture de votre choix)

→ Dans une casserole, **pocher** les crevettes dans de l'eau bouillante aromatisée du mélange d'épices. Les **couper** en dés, le saumon en cubes et les tomates cerises en quartiers. **Hacher** la coriandre grossièrement. Dans un cul-de-poule, « **cuire** » les fruits de mer et le saumon en les badigeonnant avec le jus de lime et l'huile d'olive. **Laisser mariner** quelques minutes, puis **retirer** le liquide. Dans un autre cul-de-poule, **incorporer** les fruits de mer cuits aux noix de pin, aux tomates cerises et à la coriandre. **Ajouter** le vinaigre de riz. **Mélanger** le tout. **Assaisonner** au goût.

→ Au moment de **servir**, **choisir** des récipients qui ont de la gueule, des verres, des assiettes, ou même ces petites plaques de céramique ou de bois qui sont donc *IN* ces temps-ci. **Garnir** d'une feuille de coriandre et **servir** immédiatement avec des croûtons de pain.

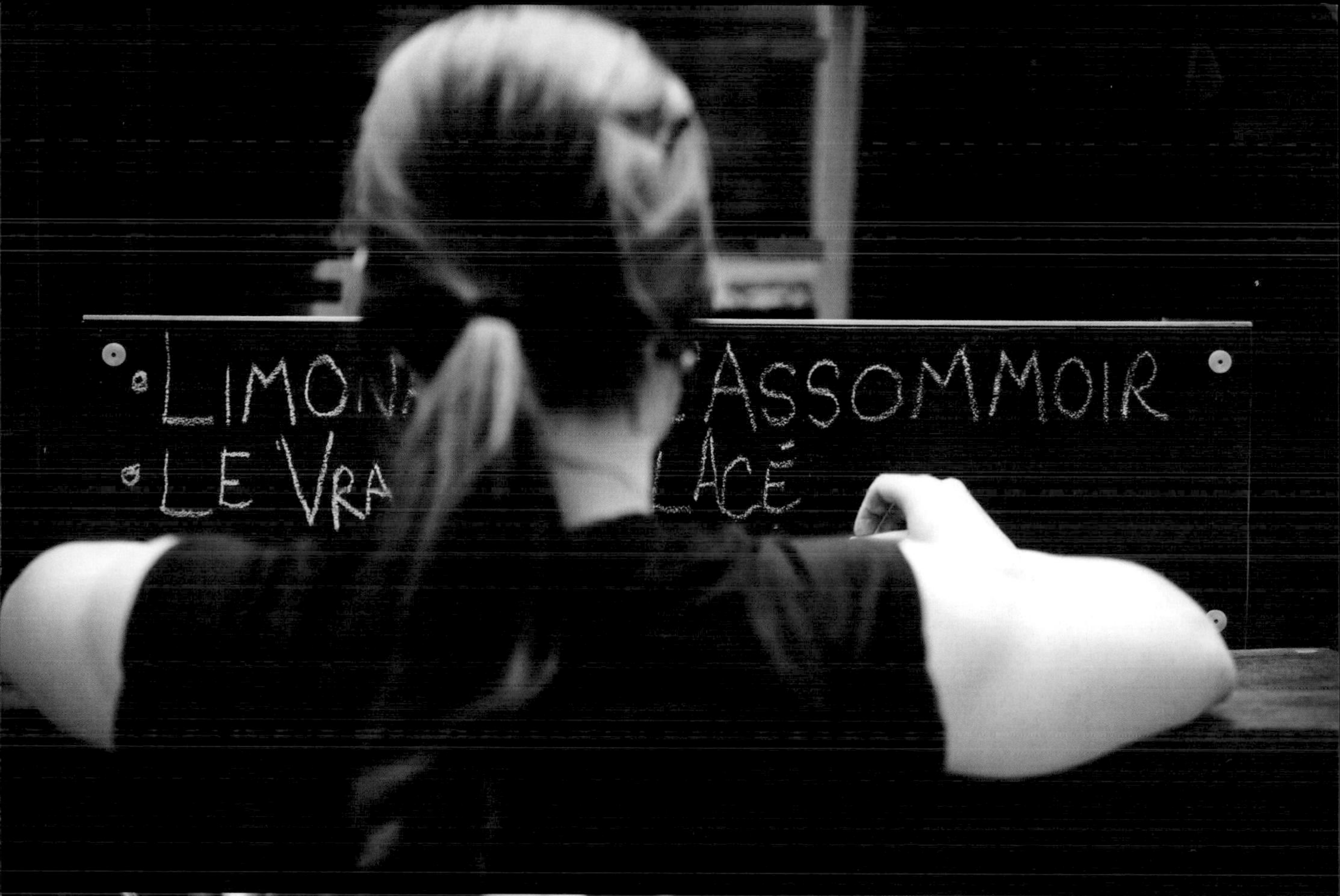
LIMON
ASSOMMOIR
LE VRA
LACÉ
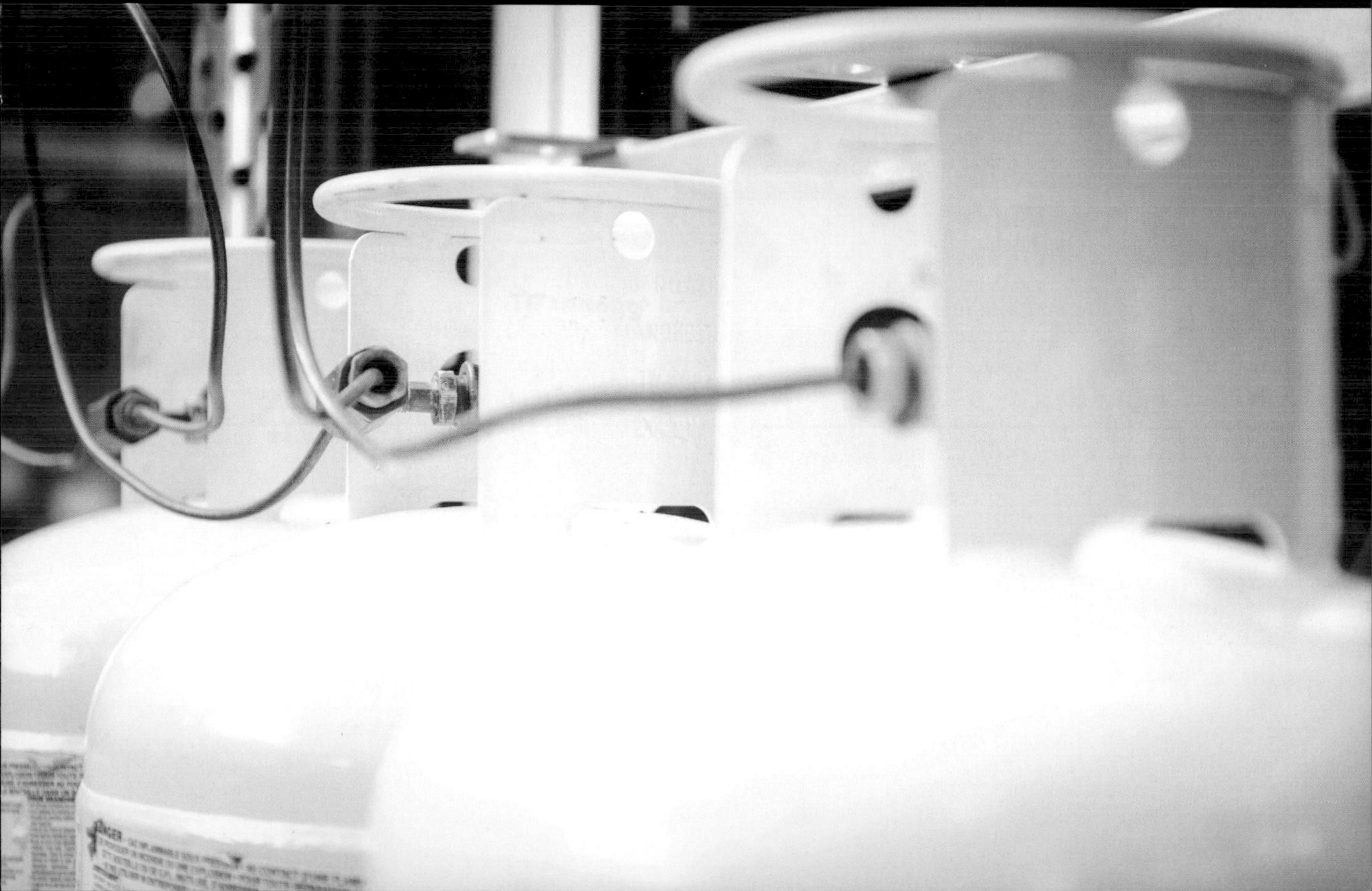

LES COCKTAILS DE L'ASSOMMOIR MOBILE SONT SANS
ALCOOL, MAIS ENTENDONS-NOUS : SI, À LA MAISON,
VOUS AVEZ ENVIE DE VOUS GÂTER ET D'Y AJOUTER
UN PETIT COUP D'ALCOOL, C'EST TOUT À FAIT LÉGAL.

LIMONADE DE L'ASSOMMOIR

SIROP DE LIMONADE

1 L	(4 tasses) d'eau
1 kg	(4 tasses) de sucre
2	citrons, blanchis dans l'eau bouillante
1	c. à soupe de cardamome
1	c. à soupe de gingembre frais

POUR 4 À 6 VERRES OU UN GROS PICHET DE LIMONADE

1	citron frais
1	lime fraîche
85 ml	(1/3 tasse) de jus de citron
85 ml	(1/3 tasse) de jus de lime
235 à 350 ml	sirop de limonade

PRÉPARATION 10 MIN   **CUISSON** 30 MIN

→ Pour le sirop de limonade, dans une casserole, **porter** l'eau à ébullition. **Retirer** du feu, **incorporer** le sucre et bien **mélanger** afin de le **diluer**. **Porter à ébullition** le sucre liquide, les citrons blanchis coupés en quartiers, la cardamone et le gingembre frais. **Baisser** le feu et **laisser réduire** 30 min. **Filtrer** le tout et **laisser refroidir** complètement. *Vous aurez du sirop pour les fins pis les fous, prêt à sortir dès que des invités pointeront le bout de leur nez.*

→ Au moment de **servir**, **couper** les citrons et les limes en quartiers. **Remplir** des grands verres de glaçons, puis **ajouter** un quartier de citron, un quartier de lime, 4 c. à soupe (2 oz) de sirop de limonade, 1 c. à soupe (1/2 oz) de jus de lime et 1 c. à soupe (1/2 oz) de jus de citron. **Remplir** le verre d'eau gazeuse et bien **mélanger**. **Ajouter** deux pailles et hop ! C'est l'été !

→ ***Pour une version alcoolisée,*** *ajoutez un peu de vodka juste avant de verser l'eau gazeuse. Avec une once de vodka c'est bien mais deux, c'est mieux !*

QUEL CONCEPT *WINNER*. UN SIROP QU'ON STOCKE
AU FRIGO ET DONT ON N'AURA QU'À UTILISER
UNE MESURE À LA FOIS, PETITE OU GRANDE,
EN PROPORTION DIRECTE AVEC LE SOLEIL !

ORANGEADE COCO

SIROP D'ORANGEADE

700 ml	(1 bouteille) de sirop de coco « Marie Brizard »
5	oranges
1	piment oiseau
125 g	(1/2 tasse) de sucre blanc

POUR 4 À 6 VERRES OU UN GROS PICHET D'ORANGEADE

1	orange fraîche
85 ml	(1/3 de tasse) de jus d'orange *(L'Assommoir Mobile préfère avec pulpe)*
1,5 L	(6 tasses) d'eau gazeuse
60 à 90 ml	sirop de d'orangeade

PRÉPARATION 10 MIN   **REPOS** 30 MIN   **CUISSON** 5 MIN

→ Pour le sirop d'orangeade, dans une casserole, **porter à ébullition** le sirop de coco, les 5 oranges coupées en quartiers, le piment oiseau entaillé et le sucre. Au point d'ébullition, **éteindre** le feu et **laisser infuser** 30 min sur le comptoir. **Filtrer** et **réserver** jusqu'au refroidissement complet.

→ Au moment de **servir**, **remplir** les verres de glaçons et y **déposer** 2 quartiers d'orange. Au moment de **servir**, verser 1 c. à soupe de sirop d'orangeade dans chaque verre et **remplir** de jus d'orange jusqu'à la moitié. **Compléter** avec de l'eau gazeuse, bien **mélanger** et **savourer** !

→ ***Pour une version alcoolisée,*** *offrez-vous une once ou deux de rhum brun ou de Grand Marnier, en l'ajoutant juste avant l'eau gazeuse.*

Tout, au Winneburger, s'inspire d'une époque révolue.

Il règne autour de ce camion une aura de «banquette brune», une ambiance qu'on retrouve dans les films américains des années 1950. Le genre de *diner* où Cindy te sert un *milk shake* aux fraises en patins à roulettes, et où les clients passent en décapotable bleue poudre avant d'aller faire du *necking* en haut d'un belvédère.

Et ce qu'il y a de plus fabuleux encore, c'est que ça «goûte rétro»!

La marquise de plastique – probablement dénichée au fond d'une brocante – affiche un menu de burgers fabuleux, chips maison et limonades classiques qui, en s'inspirant de la cuisine la plus démocratique, brille par ses saveurs authentiques. Bravo à la chef **Gita Seaton** et à ses acolytes **Jacques Séguin** et **Mary Martha Campbell**, qui ont accouché d'un Winneburger si délicieux.

BURGERS WINNERS

BURGER $4 75
DOUBLE BURGER $6 75

CHIPS $2 50
LIMONADE   h&h $3 00
THE GLACE $3 00
MILKSHAKE VANILLE $5 50

PALAIS

MANDEZ

RECEVEZ

URGER

TOFU BELLY BURGER

UN PHÉNOMÈNE TRÈS INTÉRESSANT, CE TOFU BURGER.
IL EST FAIT À PARTIR DE PEAUX DE TOFU. AUSSI CONNUES
SOUS LE NOM DE « YUBA », CES PETITES FEUILLES
QUI RAPPELLENT LES PÂTES À WON-TONS SONT ISSUES
DU PROCÉDÉ DE FABRICATION DU TOFU, QUI S'APPARENTE
À CELUI DU FROMAGE : ON PRESSE LE CAILLÉ PLUS OU
MOINS LONGTEMPS POUR OBTENIR UNE TEXTURE PLUS
OU MOINS FERME. ON RACLE CONSTAMMENT LA FINE
CROÛTE QUI SE FORME EN SURFACE, DONT LA TEXTURE
RAPPELLE UN PEU L'OMELETTE, AGRÉABLEMENT
CAOUTCHOUTEUSE. C'EST VRAIMENT TRÈS ORIGINAL,
PARTICULIÈREMENT QUAND C'EST APPRÊTÉ EN MODE
« BURGER QUI COULE PARTOUT ».

MARINADE

2	oignons verts, hachés
2	branches de thym
$1/2$	c. à café de poivre
2	c. à soupe de sel
1	c. à soupe de cassonade
2	c. à soupe de cinq épices
1	c. à café de muscade
1	c. à café de cannelle
1	piment « scotch bonnet », haché
80 ml	($1/3$ tasse) de sauce soya
2	c. à café d'huile de canola
60 ml	($1/4$ tasse) de vinaigre de vin blanc
1	oignon, émincé grossièrement
2	clous de girofle, écrasés grossièrement
$1/8$	c. à café de gingembre en poudre
3	c. à soupe de jus d'orange

TOFU

| 450 g | (1 lb) de peaux de tofu * |

POUR SERVIR

6	pains à burgers (le Winneburger fait fabriquer les siens sur mesure, aux œufs avec graines de pavot)
6	petites poignées de laitue
6	belles tranches d'ananas
	Sauce épicée (style Sriracha), au goût

| RENDEMENT | 6 PORTIONS | PRÉPARATION | 10 MIN |
| CUISSON | 15 MIN | REPOS | 1 NUIT |

→ Pour la marinade, dans un robot culinaire, **placer** tous les ingrédients et **mixer** finement.

→ Dans un sac plastique ou un contenant hermétique, **saler**, **poivrer** et **mariner** les peaux de tofu. **Réfrigérer** toute une nuit.

→ Au moment de **servir**, **réchauffer** les peaux de tofu à la poêle 5 min et les **distribuer** sur les pains à burger. **Ajouter** la laitue, l'ananas et la sauce épicée et **savourer** en vous léchant souvent les doigts.

* Vous trouverez les peaux de tofu dans les épiceries asiatiques et dans certains magasins d'aliments naturels.

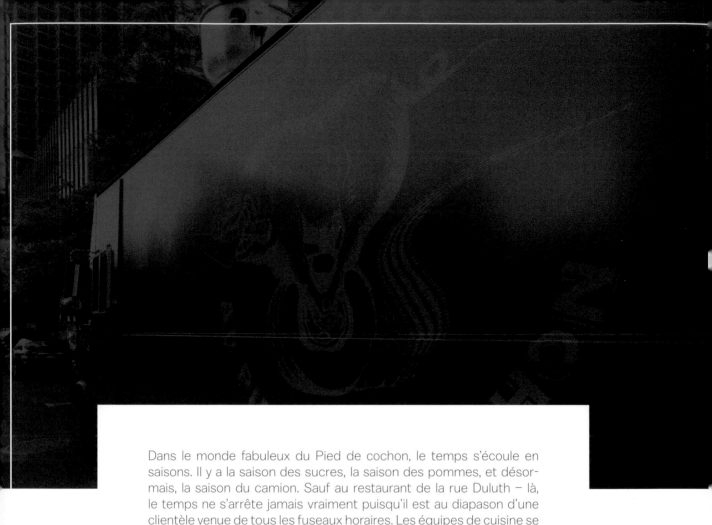

Dans le monde fabuleux du Pied de cochon, le temps s'écoule en saisons. Il y a la saison des sucres, la saison des pommes, et désormais, la saison du camion. Sauf au restaurant de la rue Duluth – là, le temps ne s'arrête jamais vraiment puisqu'il est au diapason d'une clientèle venue de tous les fuseaux horaires. Les équipes de cuisine se relaient les projets au gré de la nature. Quand la sève a fini de couler, c'est le temps de changer l'huile ! Et hop ! On lance les moteurs pour un été de cuisine de rue.

Le Camion Au Pied de cochon est à l'image de **Martin Picard**, homme fort de la gastronomie montréalaise : original, imposant, généreux et décadent.

Au volant du poids lourd, trois chauffeurs-proprios-cuistots-mécanos : **Alex Ragoussis**, le « hipster barbu portu-grec », **Philippe Labelle**, neveu de Picard et apprenti boulanger, et **Gabrielle Rivard-Hiller**, la redoutable pâtissière, maîtresse ès sirop d'érable. À eux trois, ils servent leurs plats à travers deux fenêtres : l'une salée, l'autre sucrée.

Quelquefois, les beignes viandeux et autres plats hybrides ne savent plus trop vers quelle fenêtre se diriger... Mais une chose est sûre, ce qui sort de ce camion est toujours très, très cochon.

2 FENÊTRES

3 CHAUFFEURS

SAUMURE

2L	(8 tasses) d'eau
175 g	($^3/_4$ tasse) de sel
125 ml	($^1/_2$ tasse) de sirop d'érable
20 g	de sel rose («Prague powder #1») *
3	c. à soupe de sucre d'érable
2 $^1/_2$	c. à soupe de tire d'érable
1	grosse gousse d'ail, hachée
$^1/_3$	de poireau, émincé
1	c. à soupe de vin rouge
1	branche de thym
1	feuille de laurier
1	branche de romarin

SMOKED MEAT

1,25 kg	(2,7 lb) d'épaule de porc, désossée
250 g	($^1/_2$ lb) de langues de porc
3	c. à soupe de sirop d'érable
1	branche de romarin
75 ml	($^1/_3$ tasse) de bouillon de porc
375 g	(1 $^1/_2$ tasse) d'épices à smoked meat du Pied de cochon

SAUCE À LA MOUTARDE

125 g	($^1/_2$ tasse) de moutarde jaune
2 $^1/_2$	c. à soupe d'huile d'olive
3	c. à soupe de sirop d'érable
$^1/_2$	oignon, en petits dés

BEIGNES

225 ml	(1 tasse) de lait tiède
2	c. à soupe de crème 35 % tiède
2	c. à soupe d'eau tiède
15 g	(2 sachets) de levure instantanée
3	œufs
75 g	($^1/_3$ tasse) de sucre d'érable
1 $^1/_2$	c. à soupe de beurre non salé, fondu
400 g	(3 $^1/_2$ tasses) de farine
1	pincée de sel
	Huile à friture

BEIGNES COCHONS

LE BEIGNE COCHON A RAPIDEMENT GRAVI
LES ÉCHELONS DE POPULARITÉ POUR SE HISSER
AU SOMMET DES PALMARÈS DE LA CUISINE DE RUE.
UN VRAI SUPERHÉROS DU MENU, HYBRIDE
SUCRÉ-SALÉ, SEXY, OBÈSE, GÉNIAL,
EXPÉRIENTIEL ET AVANT-GARDISTE.

RENDEMENT **12 BEIGNES**   PRÉPARATION **1 h**   CUISSON **10 h**   REPOS **5 JOURS**

→ Pour la saumure, dans un grand chaudron, **mélanger** tous les ingrédients. Y **plonger** l'épaule et les langues de porc et **laisser macérer** 5 jours au réfrigérateur.

→ Pour les viandes à smoked meat, **retirer** l'épaule et les langues de la saumure et les **immerger** dans l'eau. **Porter à ébullition** et **laisser mijoter** 3 ou 4 h. **Réserver** les langues. **Couper** l'épaule de porc en deux et en **placer une moitié** dans un sac sous vide avec le sirop, le romarin, le bouillon. **Sceller** et **cuire** à la sous videuse à 70 °C (150 °F) 16 h. *On s'entend, vous n'avez peut-être pas de machine à sous vide et tout l'équipement du Pied de cochon. Alors, contentez-vous simplement de pocher l'épaule avec ses aromates et juste assez d'eau pour couvrir la viande dans un chaudron frémissant durant 4 à 6 h, et tout le monde sera content.* **Frotter** vigoureusement l'autre moitié de l'épaule de porc avec les épices PDC. **Emballer** l'animal dans 3 couches de papier d'aluminium et **cuire** au four à 110 °C (225 °F) 3 à 4 h. **Émincer** les 3 viandes (l'épaule mijotée, l'épaule braisée au four et les langues) le plus finement possible. **Réserver** au chaud, ou **laisser refroidir** et vous n'aurez qu'à **réchauffer** à la vapeur au moment de servir.

→ Pour la sauce à la moutarde, dans un petit bol, **mélanger** tous les ingrédients. **Réserver**.

→ Pour les beignes, **verser** dans un bol, tous les ingrédients liquides, **ajouter** la levure et **laisser reposer** 5 min. Dans un autre bol, **battre** les œufs et le sucre jusqu'à ce que la préparation pâlisse. En fouettant délicatement à la main, **incorporer** les liquides et la levure ainsi que le beurre fondu à la préparation aux œufs. **Ajouter** la farine et le sel d'un coup et **remuer** à la cuillère en bois jusqu'à ce que la pâte forme une boule. *Résistez à l'envie de rajouter de la farine, la pâte sera très élastique et c'est normal.* **Transférer** la boule dans un bol, **couvrir** avec un linge humide et **laisser lever** sur le comptoir 90 min, ou au réfrigérateur durant 8 h.

→ Une fois que la pâte est prête, amusez-vous à lui **assener** cinq ou six bons coups de poing afin de faire **évacuer** l'air. **Plier** la pâte sur elle-même et **façonner** une boule. Sur une surface bien farinée, **abaisser** au rouleau à 1 cm (¹⁄₂ po), et **former** des ronds de 7 cm (2 ³⁄₄ po) de diamètre à l'emporte-pièce, avec une boîte de conserve vide ou encore un verre. **Laisser reposer** une trentaine de minutes sur une planche à découper bien farinée pour éviter que la pâte ne colle et qu'elle soit maniable au moment de la cuire.

→ **Passer** à la friteuse dans une huile chauffée à 160 °C (325 °F) durant 5 min ou jusqu'à ce que les beignes soient bien dorés et cuits jusqu'au cœur.

→ Pour **monter** les beignes, **faire une incision** pour les **ouvrir**, **badigeonner** l'intérieur avec de la sauce à la moutarde et **fourrer** généreusement du mélange de 3 viandes. Vous pouvez **attaquer** la bête au cochon comme un glouton.

* Si vous n'avez pas de sel rose, utilisez du sel régulier, mais le smoked meat sera plus gris ; le sel nitrité permet à la viande de conserver sa couleur rosée. N'hésitez pas à en demander à votre boucher. Vous passerez pour un pro de la charcuterie !

POUTINE AU FOIE GRAS

AVEC LA GRANDE POPULARITÉ DES BEIGNES COCHONS, ON CRAIGNAIT QUE
LA POUTINE AU FOIE GRAS – VIEILLE FILLE DU PDC – NE PIQUE DES CRISES
DE JALOUSIE ! T'INQUIÈTE, POUTINE, T'ES TOUJOURS AUSSI JOUISSIVE
ET COCHONNE, MÊME EN MODE « P'TITE VITE SUR UN BANC DE PARC ».

RENDEMENT **4 PORTIONS** PRÉPARATION **20 MIN** CUISSON **10 MIN**

→ Pour la sauce au foie gras, dans une casserole, **porter à ébullition** la sauce PDC. Au robot culinaire, **mixer** les jaunes d'œufs, le foie gras et la crème à grande vitesse. **Ajouter** au fur et à mesure 500 ml de la sauce chaude (**réserver** le reste pour le dressage de la poutine). **Mélanger**, puis **remettre** le tout dans la casserole. **Chauffer** doucement en remuant constamment, jusqu'à ce que la sauce atteigne les 80 °C (175 °F) – *sans thermomètre, comptez 3 bonnes minutes de bonne chaleur, ce qui devrait faire l'affaire.* **Retirer** du feu et **continuer** à remuer 30 s. **Réserver** au chaud.

→ Pour le foie gras poêlé, **préchauffer** le four à 230 °C (450 °F). Dans un poêlon très chaud, **saisir** les escalopes de foie gras quelques minutes, le temps qu'elles forment une belle croûte dorée. **Transférer** sur une petite plaque à cuisson *(hop, hop... ne traînez pas trop, les escalopes vont se liquéfier en huile !)* et **terminer** la cuisson au four 4 à 5 min. **Réserver**.

→ **Cuire** les frites à l'huile chaude jusqu'à ce qu'elles soient bien dorées et croustillantes.

→ Pour monter la poutine, **placer** au centre des barquettes de petits monticules de fromage en grains. **Ajouter** les frites bien chaudes, le foie gras poêlé, **napper** généreusement de sauce au foie gras. **Ajouter** un peu de sauce à poutine régulière pour décorer et **servir** pendant que c'est chaud en méditant sur le génie intemporel de Martin Picard, inventeur de cette merveille de Montréal.

600 ml	(2 ½ tasses) de sauce à poutine du Pied de cochon *
6	jaunes d'oeufs
100 g	(3,5 oz) de foie gras frais
4	c. à soupe de crème 35 %
100 g	(⅓ tasse) de fromage en grains
50 g	(2 oz) de foie gras
4	grosses pommes de terre à chair blanche, coupées en frites
	Huile à friture (*l'équipe du PDC utilise un mélange à ⅔ de suif, ⅓ d'huile d'arachide, mais une huile neutre fera très bien l'affaire*)

* La sauce du Pied de cochon est disponible au restaurant de la rue Duluth à Montréal, mais vous pouvez aussi utiliser une bonne sauce à poutine de l'épicerie ou de chez votre pataterie préférée.

CE QUI
SORT DE CE
CAMION EST
TOUJOURS
TRÈS, TRÈS
COCHON

JE ME SOUVIENS DU JOUR où mon éditeur m'a annoncé que j'écrirais un livre : «*Christine, j'ai présenté votre beau projet et nous sommes prêts à aller de l'avant !*». J'ai reçu ça par courriel, un jeudi glacial de février en fin de journée. Le soir même, mon amoureux me sortait au Pied de Cochon pour fêter ça en grand, et au moment de lever notre verre pour souligner la grande nouvelle, il m'a dit dans un grand instant de lucidité... «*ça va être douloureux, t'sé*» !

Écrire un livre, c'est un peu comme accoucher... T'es fière une fois que c'est fait, mais disons que t'as sué en taaaaa avant de pouvoir tenir ton bébé entre tes mains. Le seul moyen de t'en sortir, c'est de passer à travers, et malheureusement, personne ne peut le faire à ta place. Et on poussssssse !!

Ceci dit, je n'aurais jamais été capable de mettre ce projet au monde sans tous les gens qui m'entourent. Ce livre s'est écrit avec vous, et je vous remercie de tout mon cœur.

Il s'est écrit tout d'abord avec mon amoureux. Merci à toi, mon chéri, d'être toujours là depuis plus de dix années, dans tous les accouchements qui ponctuent mon parcours coloré. Merci de relire tout ce que j'écris, d'être à la fois mon meilleur ami et mon *coach* le plus impitoyable. Merci d'avoir écrit avec moi, encore une fois, une page de notre vie.

Ce livre s'est écrit avec tous les proprios, chefs, cuisiniers et employés des camions-restaurants de Montréal, qui ont gentiment accepté de me confier leurs secrets et leurs recettes, qui ont cru au projet, et qui par leur audace et leur créativité, rendent Montréal encore plus savoureuse. Merci aussi à toute l'équipe de l'ARRQ, Gaëlle, Melo, Nadia, Marie-Claude, Olivier et Amélie, pour tous les efforts que vous mettez pour y contribuer.

Il s'est écrit au beau milieu de ma grande famille, la smala du gène P, une bande excentrique et ô combien divertissante, qui trouve toujours le moyen de soutenir tous les projets que j'entreprends, quels qu'ils soient. Merci à toi, noble Mamita, d'avoir patiemment ponctué les avancées de mes chapitres par des «*yesss*» enjoués. 12 chapitres : «*yesss*», 19 chapitres, «*yesss*», jusqu'au jour où j'ai joyeusement annoncé le 25e au son d'un «*yesssss*» particulièrement ravi et senti. Merci d'avoir pris des vacances juste parce que tu savais que je serais débordée au dernier tournant, et de m'avoir offert ta présence si rassurante. Merci à toi, belle Zaza, entre deux demandes de bourses, entre deux tétées de bébé, de trouver le temps d'avoir un grand cœur et d'être si généreuse. Mathieu le Mathieu, merci d'être mon plus grand complice de la bouffe, sans toi ma vie serait bien moins goûteuse ! Merci à toi, Papito, de m'encourager, de toujours m'aider à trouver le mot juste, et d'être si enthousiaste à l'idée d'avoir un autre ouvrage à ajouter aux

milliers de livres qui peuplent tes bibliothèques. Merci à toute la ribambelle des partys de famille, Marco, Fresh, Alenita, Guy, Momo, Mimi, Si et les tout-petits, merci de mettre tant de joie dans ma vie.

Merci à tous les artistes des premiers jours de Street Cuisine, qui depuis le tout début ont apporté leurs visions, leurs idées et leurs couleurs, et qui ont façonné le Webzine, et puis le livre à leur manière. Merci à toi Fabrice, mon complice aussi impétueux que talentueux, je t'apprécie tellement. Merci à Patrick, d'avoir sauvé ma vie en photographiant le Banh Mi comme un champion du Stade olympique! Un merci tout spécial à toi, Maïa, ma poule, mon amie, merci pour ta présence au tout premier des premiers vendredis, et aussi pour tes vieilles jokes de moules. Blaireau, merci d'avoir écouté mes émois d'écriture et d'avoir partagé les tiens, entre auteurs en déconfiture, on se comprend! Je te souhaite un livre tout beau, tout chaud, un beau gros bébé bien en santé! Merci à Emma et Anne, pour votre talent et votre générosité, et surtout, merci pour vos images magnifiques.

Ce livre s'est écrit aux côtés d'Erwan, mon éditeur fabuleux, qui sous son regard expert, bienveillant et si agréable, a su me guider dans cette folle aventure. Merci d'avoir cru en moi, depuis le premier jour où je suis arrivée toute rouge et essoufflée dans ton bureau perché dans les nuages. Merci aussi à toute ton équipe de feu qui a su me prêter main forte quand les miennes étaient pleines: Laurence, Olivia et Mélanie, vous assurez GRAVE! Ugo, David et Elizabeth, merci de m'avoir ouvert les portes de votre Caserne et mis de la beauté à mes pauvres documents Word.

Ce livre s'est écrit avant tout grâce à Cécile, ma bonne étoile, mon entremetteuse. Merci d'avoir eu l'amabilité de souffler vent de cette idée aux bonnes oreilles.

Merci à Géraldine, ma fougueuse rédactrice en chef au Nightlife.ca, merci d'avoir si généreusement accepté de propulser l'ouvrage avec l'impact de ton média de masse.

Merci à tous ceux qui ont gentiment accepté de se prêter au jeu de tester les recettes du livre, et d'enrayer une foule de grosses coquilles, Caroline Lacour, Clarah Germain, Dan Nguyen, Elizabeth Ashby, Elsa Wallis, Emmanuelle Rameau, Francis Toth, Isabelle Lastrade, Marie-Ève Olis, Marjolaine Hamelin, Mathieu Roy, Isabelle Plante, Matilde Perrusclet, Nathalie Plante, Tania Jiménez, Guillaume Vallerand et Valérie Beaudoin. Sans vous, les fish'n'chips auraient eu un vieux goût amer de poudre à pâte, et les corn dogs auraient été sucrés! Fiouf!

250 pages et une très grosse équipe, ça fait pas mal de monde dans la salle d'accouchement!

S'IL Y A UN ESPACE QUE LA CUISINE DE RUE ENVAHIT ABONDAMMENT, C'EST LE WEB. TOUS LES JOURS, LES CHEFS PUBLIENT LEURS MENUS, LES HORAIRES DE LEUR CAMION, ET LES NOUVEAUTÉS DE LA SAISON.

LE MEILLEUR MOYEN DE RESTER À L'AFFÛT EST DE S'ABONNER AUX CUISINES QUI NOUS INSPIRENT, ET DE SE LAISSER TENTER AVANT DE SE DÉPLACER !

RÉPERTOIRE DES SITES

VILLE.MONTRÉAL.QC.CA
Consultez la section « cuisine de rue » du site
pour tout connaître à propos du projet-pilote de Ville-Marie.

[TWITTER] # MONTREAL FOOD TRUCKS
Inscrivez-vous à cette liste Twitter pour suivre
tous les camions en tous temps.

MONTREAL.STREETFOODQUEST.COM
Vérifiez quel camion se trouve où à toute heure
de la journée.

[APPLICATION] STREETFOOD MTL
Téléchargez cette application pour pouvoir suivre les camions
à partir de votre appareil mobile.

CUISINEDERUE.ORG
Suivez tous les membres de l'ARRQ et consultez
l'horaire mensuel des événements.

ASSOMMOIR MOBILE (L')
T @restoassommoir
W assommoir.com

BOÎTE À FROMAGES
F /boiteafromagesquebec
T @boiteafromages
W boiteafromages.com

BRIGANDS (LES)
F /LesBrigands
T @lesbrigandsmtl
W les-brigands.com

CAFÉ LARUE & FILS
F /Caffedellavia

CAFÉ MOBILE DISPATCH
F /dispatchcoffeemtl
T @dispatchcoffee
W dispatchcoffee.ca

CAMION AU PIED DE COCHON
F /CamionPDC
T @camionpdc

CHAUD DOGS
F /ChaudDogs
T @chauddogs
W chauddogs.com

CHEESE TRUCK (LE)
F /lecheesetruck
T @lecheesetruck
W lecheesetruck.com

CRÉMY MOBILE
F /CRémy Pâtisserie
T @cremypatisserie
W cremypatisserie.com

DAS TRUCK
F /Dasfoodtruck
T @dasfoodtruck
I dasfoodtruck
W dasfoodtruck.com

FOUS TRUCK
F « Fous truck, bar à croissants »
T @foustruck
W fousdesserts.com

GRUMMAN 78
F /Grumman78
T @grumman78
W grumman78.com

GURU
F /traiteur.guru
T @traiteurguru

LANDRY & FILLES
F /LandryetFilles
T @landryetfilles
W landryetfilles.com

LUCKY'S TRUCK
F /luckystruck
T @LuckysTruckMTL
W luckystruck.com

NOMADE SO6
F /NomadeSo6
T @nomadeso6
W nomadeso6.ca

Ô SŒURS VOLANTES
F /Ô sœurs volantes
T @osoeursvolantes
W odeuxsoeurs.com

P.A. & GARGANTUA
F /pagargantua
T @pa_gargantua
W pa-gargantua.com

PANTHÈRE MOBILE (LA)
F /La panthère mobile
T @lappanthereverte
W lapanthereverte.com

PAS D'COCHON DANS MON SALON
F « Pas d'cochon dans mon salon »
T @pas_d_cochon
W pasdcochondansmonsalon.com

POINT SANS G (LE)
F « Le point sans g »
T @lepointsansg

QUAI ROULANT
F /quairoulant

SANDWICHERIE ZOE'S (LA)
F « La Sandwicherie Zoe's »

TUK-TUK (LE)
F « Le tuktuk »
T @letuktuk
W letuktuk.ca

WINNEBURGER
F /nouveaupalais
T @nouveaupalais
W nouveaupalais.com

INDEX ALPHABÉTIQUE

INDEX
PAR CATÉGORIES

PÂTES

Mac & cheese burger → **46**
Gnocchis de pomme de terre et ricotta, crème de gorgonzola → **154**

SANDWICHS ET BURGERS

Tacos Banh Mi → **26**
Tacos feta pimenton → **31**
Saucisses Sriracha → **34**
Mac & cheese burger → **46**
Chauds dogs alla putanesca → **58**
Deluxe au pain de viande → **71**
Sandwich « DBL » → **82**
Grilled cheese à la saucisse → **100**
Le Gargantuesque → **105**
Sandwich pulled pork → **134**
Croissandwish méditerranéen → **140**
Slim Jim sans G → **159**
Sandwich halloumi grillé → **180**
Salade Passe-partout → **188**
Tofu belly burger → **214**
Beignes cochons → **221**

VÉGÉ

Tacos feta pimenton → **31**
Samosas végétariens → **92**
Pad thaï → **108**
Salade de mangues → **113**
Mac & cheese classique → **116**
Croissandwish méditerranéen → **140**
Pop-tarts aux tomates → **172**
Sandwich halloumi grillé → **180**
Feuilles de vigne tempura → **185**
Salade Passe-partout → **188**
Salade Tempehtation → **196**
Chic kebab → **201**
Tofu belly burger → **214**

DESSERTS

Tarte au chocolat → **39**
Ca phé Sua Da (affogato style vietnamien) → **50**
Gâteau au fromage frit → **121**
Beignes au caramel et pop-corn sucré → **125**
Pain aux bananes → **169**
Tarte chocoloco → **177**
Pouding chômeur → **193**

BOISSONS ET CAFÉS

Café glacé (à partir de *cold brew*) → **50**
Ca phé Sua Da (affogato style vietnamien) → **55**
Il perfetto cortado → **164**
Limonade de l'Assommoir → **209**
Orangeade coco → **209**